연경별찬

연경별찬

원순 스님

해인사 백련암에서 성철 스님을 은사로 모시고 출가하여
해인사·송광사·봉암사 등 제방선원에서 정진하였다.
『명추회요』를 번역한『마음을 바로 봅시다』
『禪 스승의 편지』『한글원각경』『선요』『몽산법어』『도서』『연꽃법화경』
『선가귀감』및『금강경오가해설의』를 저자별로 번역한 여섯 권의 금강경과
선가귀감을 강설한『선 수행의 길잡이』등 다수의 불서를 펴냈으며
난해한 원효 스님의『대승기신론 소·별기』를『큰 믿음을 일으키는 글』로 풀이하였다.
현재 송광사 인월암에서 안거 중.

연경별찬

연꽃법화경을 찬탄하다

초판 발행 | 2017년 7월 21일
펴낸이 | 열린마음
역해 | 원순
편집 | 유진영
디자인 | 안현

펴낸곳 | 도서출판 법공양
등록 | 1999년 2월 2일 · 제1-a2441
주소 | 03150 서울시 종로구 수송동
        두산위브파빌리온 836호
전화 | 02-734-9428
팩스 | 02-6008-7024
이메일 | dharmabooks@chol.com

ⓒ 원순, 2017
ISBN 978-89-89602-66-8

값 20,000원

표지그림 丁觀鵬 極樂世界莊嚴圖 대만국립고궁박물원

연꽃법화경을 찬탄하다

연경별찬

蓮 經 別 讚

설잠 김시습 지음 · 원순 역해

도서출판 법공양

부처님 은혜에 감사하며

빛나는 법 감로수 맛 연꽃 가르침

부처님께 절을 올리며

한 줄기 빛 동방으로 뻗어 가면서
모든 세계 남김없이 다 드러내니
단비 내려 온 세상을 다 적셔주듯
온갖 중생 남김없이 제도를 하네.

빛나는 법 감로수 맛 연꽃 가르침
극락정토 행복한 삶 밝혀 가는 길
이 인연을 소중하게 잘 챙긴다면
그 노력에 헛될 것이 조금도 없네.

석가세존 영산회상 꽃잎을 들고
다보여래 사자좌에 같이 앉으며
사라쌍수 열반한 뒤 발을 보이니
이심전심 연꽃 행자 절 올립니다.

연경별찬과의 인연

2002년에 '연꽃법화경'을 번역 출간하던 중 우연히 매월당 김시습으로 잘 알려진 설잠 스님의 '연경별찬'을 읽게 되었습니다.

선의 종지로 경을 보는 안목이 빼어나고 문장이 아름다워 저도 모르게 이 글에 매료되었습니다. 다른 분들도 이 글을 보면 『연꽃법화경』을 읽고 사경하는데 신심이 나겠다 싶어 일부분을 추려 부록으로 실었습니다.

그런 뒤에 까마득히 잊고 살다 2017년 봄 서울 조계사에서 연꽃법화경 법회를 보면서 '연경별찬'이 떠올라 법회 보는 틈틈이 정리하여 한 권의 책으로 엮게 되었습니다.

제목으로 보는 부처님의 법

우리의 '참마음'은 고요하고 맑디맑아 어떤 모습으로도 드러낼 수 없는 '부처님 마음'입니다. 하지만 인연이 주어지면 주어진 인연대로 모습을 드러내는 '묘한 법'이기도 합니다.

이 '묘법'은 진흙탕 속의 연꽃처럼 번뇌 속에서도 늘 맑고 깨끗합니다. 또 연꽃의 씨앗에서 연꽃이 피듯 묘법에서 온갖 공덕이 나타나 부처님의 세상이 펼쳐지고, 연꽃이 연실과 함께 드러나듯 인연 따라 드러나는 묘법 속의 참마음은 처음과 끝이 언제나 똑같습니다. 따라서 묘법은 연꽃의 특성과 같으므로 부처님께서 이 가르침을 드러낸 것을 '묘법연화경'이라 하고 이를 줄여 '법화경'이라고도 합니다. 저는 이 경을 '연꽃법화경'이라고 부릅니다.

연꽃법화경이 설해지는 배경

붓다가야 적멸도량에서 새벽에 샛별을 보고 처음 깨달음을 얻었을 때, 석가모니 부처님께서는 그 법의 쓰임새로 허공에 화엄법계를 드러내었습니다. 그 설법은 모든 집착을 떠나 고요하였지만 온갖 공덕을 다 갖춘 것입니다. 그러므로 찬탄하기를 "참으로 놀랍고 놀랍도다. 모든 중생이 다 부처님의 세상에 있건만, 어두운 번뇌 속에 있어 그 사실을 모르고 있구나."라고 말한 것입니다.

하지만 이런 가르침은 전생의 공부가 뛰어난 사람만 받아들

일 뿐 보통 사람들은 알아듣기 어려웠습니다. 그러자 부처님
께서는 방편으로 사제와 연기법을 설하고 팔정도로 중생의
의혹을 끊도록 하였습니다. 치우친 견해를 바로 잡아 이승과
대승의 가르침으로 시나브로 중생들의 수준을 높여나갔던
것입니다. 그러다가 반야지혜로 모든 법이 꿈이요 허깨비며
허공의 꽃인 줄 알게 하고, 그동안 방편으로 설했던 온갖 가
르침을 부처님의 마음자리 하나로 회통시키니, 이것이 '연꽃
법화경'입니다.

처음부터 끝까지 이 경을 관통하는 중심생각은 '늘 부처님의
세상을 알고 그 자리에서 부처님의 법을 행하라'는 말입니다.
법을 깨닫게 된 전생의 인연을 드러내고, 탁월한 비유로 법의
바탕을 밝히며, 청정한 육근의 공덕으로 그 쓰임새를 드러내
니, 이 모든 것이 지혜의 실천 아닌 게 없습니다. 지혜로운 삶
속에서 온갖 공덕의 미묘한 맛을 알게 되는 것입니다.

선禪에서 보는 연꽃법화경

설잠 스님은 서문에서 『연꽃법화경』이 선의 종지를 드러내
고 있음을 다음과 같이 이야기하고 있습니다.

"연꽃법화경을 열람하며 본 내용들이 여유로워 선가의 풍취가 있으므로 짤막한 게송으로 이 경전의 기적을 서술한다."

얼핏 생각하기에 이 경전은 선禪과 거리가 먼 것 같지만, 설잠 스님의 안목대로 이 경만큼 부처님 마음자리를 잘 드러낸 것은 없습니다.

방편으로 이승과 삼승을 설하였지만 일승으로 나아갈 것을 강조하였으며, 근기가 낮아 부처님의 큰 가르침을 받아들이지 못하는 중생들을 위해 불난 집에서 아이들을 구하는 장자, 부유한 집안을 떠나 살았던 가난한 아들, 옷 속의 보배구슬 등 여러 가지 비유를 들어 알기 쉽게 부처님 가르침을 설하였습니다. 어찌 보면 동화 같기도 한 이 경을 대중들이 아끼고 사랑하는 것도 이런 연유일 것입니다.

설잠 스님은 연꽃법화경 28품 모두 하나하나 찬탄하며 게송으로 선의 종지를 드러내고 있는데 이 게송들 중 많은 부분이 『금강경오가해설의』에[1] 실려 있는 것들입니다. 『금강경』을

---

1. 조선시대 함허득통(1376-1433) 스님이 자신의 견해로 금강경 뜻풀이를 해나가면서 규봉종밀, 육조혜능, 부대사, 야부도천, 예장종경 다섯 분의 금강경 해설에 당신의 견해를 덧붙여 펴낸 것이『금강경오가해설의』이다. 시대상으로 보았을 때 설잠 스님은 함허 스님의 책을 참고하여 게송을 인용했을 것이라 생각된다.

해석한 종경 스님과 야부 스님의 게송으로 법화경을 찬탄할
수 있다는 것만 보더라도, 설잠 스님이 선사의 입장에서 법화
경을 재해석했다는 사실을 알 수 있습니다.

이외에도 스님께서는 『경덕전등록』, 『십현담요해』 같은 책
과 선가에서 전해지는 여러 가지 고사, 선사들의 게송 등을
폭넓게 인용하고 있습니다. 설잠 스님께서 한평생 부처님의
가르침에 젖어 선사로 사신 분이 아니면 불가능한 일입니다.

설잠 스님의 삶에 대하여

매월당 김시습은[1] 어려서부터 신동으로 유명했습니다. 그
런데 어머니를 일찍 여의면서 생사를 해탈하는 불교에 관심
을 갖게 됩니다. 그는 열여덟 살 때 조계총림 송광사 삼일암
에서 법력이 걸출한 준상인峻上人을 만나 선禪에 대하여 많

역자는 2010년 『육조스님 금강경』을 필두로 2013년 『규봉스님 금강경』까지
『금강경오가해설의』를 여섯 선사 각각의 해설서로 나누어 엮어 출간하였다.
1. 김시습(1435-1496)의 자는 열경悅卿이다. 청한자淸寒子, 동봉東峰, 벽산청은碧
山淸隱, 췌세옹贅世翁, 매월당梅月堂 등 여러 가지 호가 있었는데 출가하여 사용
한 법명은 설잠雪岑이다. 다수의 저서가 있는데 우리나라 최초의 한문소설로
알려진 『금오신화』가 대표적이다. 또한 『매월당집』 등 시문집에 전하는 그의
시는 무려 2200여 수가 넘는다. 유학과 불교에 관한 여러 논문들도 남기고 있다.

은 것을 묻고 공부하다 1455년 삼각산 중흥사로 들어가 출가하여 '설잠雪岑'이란 법명을 받습니다. 스님은 출가한 뒤 사방으로 거리낌 없이 돌아다니며 보살행을 실천합니다. 그러다 1465년부터 1470년까지는 금오산실로 들어가 저술 활동에 치중하였습니다.

1471년 잠시 세속에서 살다가 1481년 다시 산중으로 들어간 설잠 스님은 평생 거처를 정하지 않고 온갖 보살행으로 여생을 보내다가 1493년 홍산 무량사에서 입적하셨습니다.

설잠 스님의 탁월한 선지와 이를 표현해 내는 뛰어난 문장력은 자유분방하여 유불선 어디에도 걸리지 않습니다. 참마음을 아신 분이므로 불가佛家뿐 아니라 유가儒家와 도가道家에도 정통하여 성인으로 추앙받고 있습니다.

불교에 관한 설잠 스님의 주요 저서로는『십현담요해』,『화엄법계도주』,『화엄경석제』,『조동오위요해』,『법화경』을 찬탄하는『연경별찬』등이 있습니다. 남아 있는 많은 시를 포함하여 이들 저서를 살펴보면, 설잠 스님은 한평생 절집에서 선승으로 살면서도 식견이 풍부했다는 것을 알 수 있습니다.

깊은 산중 달빛 암자 들어와 보니
푸른 노송 그늘 아래 샘이 흐르며
텅 빈방에 맑은 기운 세월의 흔적
그 가운데 앉아 있어 상쾌하구나.

산들대는 연잎 사이 연꽃이 피어
영원토록 행복한 삶 노래를 하니
늘 시원한 바람 속에 두둥실 뜬 달
밝고 환한 부처님들 눈앞에 있네.

흥에 겨워 연꽃 행자 경을 읽으니
보고 듣고 일어나는 그 모든 것이
극락정토 장엄이라 수기를 주어
온 누리를 축복하는 연꽃법화경.

2017년 오월 보름 늦은 밤
송광사 한 모퉁이 연꽃 행자 두 손 모음

차례

연꽃법화경 찬탄을 마무리하며

연꽃법화경을 찬탄하며

序文

昔 天台山¹ 智者² 大師
석 천태산 지자 대사

居修禪寺 作蓮經玄義文句 以示後之學士
거수선사 작연경현의문구 이시후지학사

高麗沙門³ 諦觀⁴ 錄四敎 並行於世.
고려사문 제관 녹사교 병행어세

學士 講此經者 別立宗趣 以天台名焉 屬於禪.
학사 강차경자 별립종취 이천태명언 속어선

而近代講者 好尙此經 欲究宗旨
이근대강자 호상차경 욕구종지

但向敎中句數諍論 不向禪家勘辨.
단향교중구수쟁론 불향선가감변

---

1. 천태산은 중국 절강성에 있는 산이다. 수나라 때 지자대사가 그곳에서 천태종 사상을 정리하였다.
2. 지자智者는 수나라 문제가 지의智顗(538-597) 스님께 내린 시호이다. 스님은『연꽃법화경』을 중심으로 불교를 통일하여 천태종을 완성하였다. 저서로는『법화소法華疏』『정명소淨名疏』『마하지관摩訶止觀』등 수십 권이 있다.
3. 사문은 좋은 일을 닦아나가고 나쁜 일을 쉬어버리는 출가 수행자를 말한다.
4. 제관諦觀(?-970)은 고려 광종光宗 때 스님이다. 송나라의 요청으로 광종은 제관 스님에게 천태종의 논소論疏 등을 주어 송나라로 가게 했다. 제관 스님은 송나라에 있으면서『천태사교의天台四敎義』를 지었다.

20

설잠 스님의 서문

옛날 천태산 지자대사는 수선사에서 『연꽃법화경』의 내용을 참구하여 『법화현의』와 『법화문구』를 저술하여 뒷날 공부하는 사람들에게 갈 길을 열어 주고, 고려 때 제관 스님은 『천태사교의』를 저술하여 천태종 사상을 정리하였다.

이 두 분의 학설이 세상에 전해지게 되었다.

그 뒤 『연꽃법화경』을 강의하는 사람들이 으뜸으로 지향하는 바를 '천태'라는 이름을 붙여 선종의 한 뜻으로 내세웠다.

요즈음 이 경을 좋아하는 사람들이 그 으뜸가는 뜻을 연구하고자 하면서도, 글을 가지고 논쟁만 하고 있지 선가의 마음자리를 알려고 하지 않는다.

只認白毫相[1]光 照于東方
지 인 백 호 상 광 조 우 동 방

不知這個光明 亙徹古今 全沒巴鼻[2].
부 지 저 개 광 명 궁 철 고 금 전 몰 파 비

豈不見道.
기 불 견 도

數聲長笛離亭晩 君向瀟湘[3]我向秦.
수 성 장 적 리 정 만 군 향 소 상 아 향 진

因覽是經 眼辨目覩 悠然有禪家之趣 仍著短偈 並叙其
인 람 시 경 안 변 목 도 유 연 유 선 가 지 취 잉 저 단 게 병 서 기

奇蹟.
기 적

渺然五百歲[4]之下 黼黻法音 笙鏞化儀[5]者 自慶也.
묘 연 오 백 세 지 하 보 불 법 음 생 용 화 의 자 자 경 야

---

1. 백호상白毫相은 여래께서 갖춘 서른두 가지 거룩한 상호 가운데 하나이다. 백호
   는 부처님의 두 눈썹 사이에 난 희고 빛나는 가는 터럭인데, 여기에서 나오는
   빛줄기 광명이 헤아릴 수 없이 많은 세상을 남김없이 비춘다.
2. 부처님의 마음자리는 중생의 온갖 시비분별이 사라진 곳이므로 집착할 곳이
   전혀 없다는 의미로 선가에서는 이를 '몰파비'라 한다. '파巴'는 잡는다는 뜻이요
   '비鼻'는 '코'이다. 코를 잡듯이 어떤 경계로 잡을 곳이 있다고 생각하는 것이 중생
   의 시비분별심 '파비巴鼻'인데, 그것이 조금도 없다는 것이 '전몰파비全沒巴鼻'
   이다.
3. 소상瀟湘은 중국 호남성의 소수瀟水와 상강湘江을 아울러 이르는 말이다.
4. 석가모니 부처님 입멸 후 이천오백 년을 불법佛法의 흥망성쇠에 따라 다섯 시기
   로 나눈다. 첫 오백 년은 해탈의 경지에 들어간 사람이 많은 때, 두 번째 오백
   년은 선정禪定을 닦는 사람이 많은 때, 세 번째 오백 년은 불경을 배우는 사람이
   많은 때, 네 번째 오백 년은 복덕을 받기 위하여 절이나 탑을 짓는 사람이 많은
   때, 마지막 오백 년은 불법이 쇠퇴하여 계율을 지키지 않고 싸움만을 일삼는
   때이다. 첫째와 둘째를 정법正法, 셋째와 넷째를 상법像法, 마지막 오백 년 뒤부

다만 백호광명이 동방으로 비치는 것만 알았지, 이 광명이 예
나 지금이나 뻗어 있는 부처님의 마음자리인 줄 조금도 알지
못한다.

그대들은 어찌 이런 말을 듣고 보지를 못하였던고.

　　애절 하온 피리소리 늦은 이별 재촉하니
　　그대들은 남쪽으로 내 갈 길은 북쪽으로……

『연꽃법화경』을 열람하며 본 내용들이 여유로워 선가의 풍
취가 있으므로 짤막한 게송으로 이 경전의 기적을 서술한다.
그러니 먼 훗날 다채로운 법을 설파하고 조화로운 의식으로
중생을 제도하는 사람들은 진실로 기뻐할 것이다.

터는 말법시대라 한다.
5. 화의化儀는 중생을 교화하는 위의를 말한다.

嗚呼 法不在言詮之上 言不在臍響之間.
오 호 법 부 재 언 전 지 상 언 부 재 제 향 지 간

直須言法雙忘 可論妙法的的大意.
직 수 언 법 쌍 망 가 론 묘 법 적 적 대 의

若乃循行數墨 泥於句數 轉益知見 宗眼不明 非是究竟
약 내 순 행 삭 묵 니 어 구 수 전 익 지 견 종 안 불 명 비 시 구 경

法. 故 香嚴[1] 云
법 고 향 엄 운

書中語多虛 虛中帶有無
서 중 어 다 허 허 중 대 유 무

却向書前會 放却意中珠.
각 향 서 전 회 방 각 의 중 주

伊麼則佛祖公案[2]
이 마 즉 불 조 공 안

正如老婆拈黃葉 喚作金錢止兒啼.
정 여 노 파 염 황 엽 환 작 금 전 지 아 제

---

1. 향엄(?-898) 스님은 백장 스님에게 출가하고 위산 스님에게 공부하였다. 남양 혜충 국사의 도량에서 대나무에 돌이 부딪치는 소리를 듣고 깨달았다. 위산 스님의 법을 받고 향엄산에 머물렀다.
2. 공안의 원래 의미는 시시비비를 해결하는 관청의 공문서를 뜻한다. 조사 스님들의 말씀들이 거짓 없이 진실하므로 옳고 그른 공부를 가리는 기준이 되었다. 그래서 조사 스님들이 내려주신 화두를 공안이라 부른다. 참선할 때 공안인 화두로 참구하는 것을 간화선看話禪이라고 한다.

아! 부처님의 법은 말이나 논리에 있는 것이 아니요, 말 또한 배와 목 사이에 있는 가슴의 울림 속에 있는 것도 아니다.

말과 법을 다 잊어야 오묘한 법의 분명한 뜻을 논할 수 있다.

만일 까만 글줄을 따라 집착하면 지견만 더 늘어나고 으뜸가는 뜻을 보는 안목이 불분명하여 구경법이 아니다. 향엄 스님은 말한다.

　글 가운데 많은 말들 헛된 게 많아
　그 가운데 있다 없다 따지게 되나
　글을 보기 그 이전에 알아버리면
　부처님의 마음조차 놓아버린다.

그렇다면 부처님과 조사 스님의 공안마저도 할머니가 누런 나뭇잎을 돈이라 하며 어린아이 울음을 달래는 것이나 마찬가지이다.

言詮不是金錢.
언전불시금전

而這寶在毘盧篋中 用則有分 取則不可.
이 저 보 재 비 로 협 중 용 즉 유 분 취 즉 불 가

如按葫蘆 如弄明珠 直是按捺不得.
여 안 호 로 여 롱 명 주 직 시 안 찰 부 득

雖然 一向如是
수 연 일 향 여 시

潼關[1] 路斷 極目荊榛 無人覷著 山僧畧傳一語
동 관 로 단 극 목 형 진 무 인 처 착 산 승 략 전 일 어

遙向白雲
요 향 백 운

笑指猿蹄
소 지 원 제

他日慣識峯頂 拍掌應笑矣.
타 일 관 식 봉 정 박 장 응 소 의

---

1. 동관潼關은 중국 낙양에서 장안으로 들어가는 중요한 길목의 지명이다.

말이나 논리가 우는 아이 달래는 돈은 아니다. 이 보배가 비로자나 부처님의 팔만대장경 속에 있으므로 이를 쓰면 쓸 몫이 있겠지만 가지려 하면 가질 수는 없다.

이는 마치 물에 떠 있는 호리병박을 눌러도 물속에 들어가지 않고, 보이지 않는 투명한 밝은 구슬을 가지고 놀아도 그 구슬을 볼 수 없는 것과 같다.

그렇더라도 항상 이와 같다면 장안으로 가는 길이 끊겨 보이는 것이 온통 가시덤불뿐이라 아무도 어찌 해 볼 도리가 없을 것이기에, 산승이 한마디 이르겠다.

멀리 있는 흰 구름을 바라다보며
웃으면서 원숭이 발자국을 가리키지만
뒷날 봉우리 정상을 알면 손뼉 치고 웃게 되리라.

讚

장찬차경 선거양종승시중운
將讚此經 先擧揚宗乘示衆云

將讚此經 先擧揚宗乘示衆云
장찬차경 선거양종승시중운

昔 靈山老親宣是法 山僧不可向土上加泥.
석 영산노친선시법 산승불가향토상가니

雖然
수연

年年是好年 日日是好日 時淸物泰 野老謳歌.
연년시호년 일일시호일 시청물태 야로구가

風景蒼然 非古非今 色空融合 無正無邪.
풍경창연 비고비금 색공융합 무정무사

연꽃법화경 종지를 찬탄하다

이 경을 찬탄하기 위해 먼저 부처님의 으뜸 가르침을 대중들에게 보여주고자 말하노라.

옛날 영산회상에서 부처님이 이 법을 말씀하셨기 때문에 산승이 흙에다가 진흙을 더 보태는 어리석은 짓은 할 수가 없다.

그렇더라도 해마다 좋은 해요 날마다 좋은 날이니 시절인연이 맑고 천하가 태평하여 시골 늙은이가 태평가를 부른다.

푸르른 풍광이 옛 것도 아니요 지금 것도 아니며, 색色과 공空이 하나로 녹아 있어 바른 것도 없고 삿된 것도 없다.

江山繞檻 宛如水墨屏風
강산요함 완여수묵병풍

松栢凌空 恰似神仙洞府.
송백능공 흡사신선동부

無邊義海 咸歸顧眄之中 萬像形容 盡入照臨之內.
무변의해 함귀고면지중 만상형용 진입조임지내

一道神光 更無遮障 盍爲諸人 流通此法.
일도신광 갱무차장 합위제인 유통차법

강과 산이 겹겹이 둘러싸여 수묵화 병풍 같고, 쭉쭉 뻗은 소
나무와 잣나무는 신선의 세계와 같다.

바다처럼 한량없는 뜻이 모두 곰곰이 살피는 자리로 돌아오
고, 삼라만상의 모습이 빠짐없이 빛나는 자리로 들어간다.

한 줄기 신비로운 광명이 거침없으니, 이것이 어찌 모든 사
람을 위하여 이 법을 흐르고 통하게 하는 것이 아니겠는가.

嗚呼 境則然矣.
오 호 경 즉 연 의

人向什麼處覰 覰向什麼處話.
인 향 삼 마 처 처 처 향 삼 마 처 화

直是好語難圓.
직 시 호 어 난 원

又 況黃面老爺[1]云
우 황 황 면 노 야 운

自從鹿野苑 終至於跋提[2] 於是二中間 未曾說一字.
자 종 녹 야 원 종 지 어 발 제 어 시 이 중 간 미 증 설 일 자

飮光[3]上足 於末後 拈花會上[4] 只破顏微笑而已.
음 광 상 족 어 말 후 염 화 회 상 지 파 안 미 소 이 이

---

1. '황면노자黃面老子'는 석가모니 부처님을 이르는 말이다. 주로 선종에서 사용하
   는 말로서 부처님의 몸이 황금빛이라는 데서 유래한 명칭이다.
2. 녹야원은 부처님께서 최초로 설법한 곳이고, 발제하跋提河는 구시나가라에 있
   는 강 이름이다. 부처님은 이 세상에서 중생 교화의 인연을 마치고 이 강가에서
   열반에 드셨다.
3. 음광飮光은 가섭존자를 말한다.
4. 부처님이 영취산에서 법회를 보고 있을 때 하늘에서 꽃비가 내리자 허공에서
   떨어지는 꽃 한 송이를 들어 대중에게 보였다. 이 때 오직 가섭만이 부처님이
   꽃을 든 뜻을 알아차리고 빙그레 웃었다. 이를 '영취산 법회에서 꽃을 집어 들어
   보였다'고 해서 '영산회상거염화靈山會上擧拈花'라고 한다.

아! 경계로서는 그렇다.

하지만 사람들이 어느 곳을 향하여 나아갈 것이며, 나아간들 어느 곳을 향하여 말할 것인가.

제 아무리 좋은 말일지라도 그 뜻을 제대로 표현하지 못하는 법이다.

하물며 부처님조차도 "녹야원에서 발제하에 이르기까지 그 중간에 일찍이 한 글자도 말한 적이 없다."라고 말하지 않았던가.

부처님의 으뜸 제자 가섭도 영산회상 마지막에 이르러서야 부처님이 꽃을 들자 빙긋이 웃었을 뿐이다.

又 梁普通[1]年間
우 양보통 년간

二十八代孫 菩提達摩[2] 密傳心印[3]
이 십 팔 대 손 보 리 달 마 밀 전 심 인

碧眼西來 對帝曰 不識 帝乃不契.
벽 안 서 래 대 제 왈 불 식 제 내 불 계

遂 渡江至魏 冷坐少林 黙黙全提.
수 도 강 지 위 냉 좌 소 림 묵 묵 전 제

得髓神光[4] 立雪求安 便卽答云 了不可得.
득 수 신 광 입 설 구 안 변 즉 답 운 요 불 가 득

宛如秋清河淡 月白霜寒 了無一點 些子商量.
완 여 추 칭 하 담 월 백 상 한 요 무 일 점 사 자 상 량

---

1. '보통'은 양무제(464-549)의 연호이다. 그는 중국 남조 502년 양나라를 일으킨 초대 고조 황제이다. 불교에 대한 믿음이 독실하고 모든 경론에 능통하여 『반야경』『열반경』 등을 강의하기도 했다. 스님들을 예배 공경하고 절을 창건하였으며 '참회하는 법'을 만들어 조정의 모든 신하들에게 '보살계'를 받도록 권하였다. 그리고 몸소 계율을 엄하게 지켜 살아가는 모습이 스님과 같았다.
2. 보리달마는 석가모니 부처님의 제28대 법손이면서 중국 선종의 제1조이다. 남인도 향지국 왕자로서 출가하여 반야다라존자의 법통을 계승했다. 양나라 보통 1년 520년에 중국으로 건너와 소림굴에서 9년 동안 벽만 보고 참선하다가 혜가 스님에게 법을 전하여 중국의 선풍을 크게 일으키신 분이다.
3. '심인心印'은 부처님의 마음을 말한다. 언어와 문자로 표현할 수 없는 부처님의 마음은 부처님의 마음으로만 알 수 있다는 뜻이다.
4. 신광 스님은 중국 선종의 제2조 혜가(487-593) 스님을 말한다. 40세 때 숭산 소림사로 달마 스님을 찾아가 깨달음을 얻고, 552년 승찬僧璨 스님에게 법을 전하였다. 업군鄴郡에서 34년 동안 머무르며 완성현 광구사에서 『열반경』을 강의하여 크게 명성을 떨쳤다.

또 양나라 때 석가모니 부처님의 제28대 법손 보리달마 스님은 은밀히 부처님의 마음을 전하기 위하여, 눈 푸른 납자로 중국에 건너와 양무제를 만났다. 양무제가 "저와 마주한 그대는 누구입니까?"라고 물으니 스님은 "나를 나 자신도 모른다."라고 답을 하였다.[1] 양무제는 이 말뜻을 알아듣지 못하였다. 그러자 스님은 강을 건너 위나라로 가서 차가운 소림굴에 앉아 온전한 마음을 묵묵히 챙겼을 뿐이었다.

신광 스님도 눈 속에서 "불안한 네 마음을 여기에 가져 오너라."라고 한 달마 스님의 말에 "마음을 아무리 찾아봐도 찾을 수 없습니다."라고 말한 뒤에 깨달음을 얻었다.[2]

가을바람 시원하고 강가 물이 맑고 맑아

두리둥실 보름달에 가을 서리 차디차서

한 생각도 어찌할 수 없는 줄을 알겠노라.

---

1. 『벽암록』 1칙을 보면 양무제가 달마스님에게 법을 구하는 장면이 나온다. 양무제가 "성스런 진리가 무엇입니까?"라고 묻자 달마 스님은 "텅 비어 성스럽다고 할 것도 없습니다."라고 하였다. 이를 듣고 무제가 "저와 마주한 그대는 누구입니까?"라고 물으니 스님은 "나를 나 자신도 모른다."라고 답을 하였다.[如何是聖諦第一義 廓然無聖 何當辨的 對朕者誰 不識]

2. 혜가 스님은 눈 속에서 스스로 왼팔을 끊어 구법의지를 펴며 달마 스님께 물었다. "저의 마음이 편치 못합니다. 스님께서 편안하게 해주소서." "불안한 네 마음을 여기에 가져오너라. 그러면 편안하게 해주겠다." "마음을 아무리 찾아봐도 없습니다." "내 이미 너를 편안하게 하였느니라." 이 말에 혜가 스님은 큰 깨달음을 얻었다.

且道. 何甄別. 且聽 古人語.
차 도 하 견 별 차 청 고 인 어

流水盡從東海去 白雲長向嶽前來.
유 수 진 종 동 해 거 백 운 장 향 악 전 래

築著磕著[1] 無處不通
축 착 합 착 무 처 불 통

現前知見 情與無情 皆說妙法 亦能聽法
현 전 지 견 정 여 무 정 개 설 묘 법 역 능 청 법

森羅萬象 海印[2]交叅.
삼 라 만 상 해 인 교 참

非但我今獨布言詮 刹塵說恒說常 何時是了.
비 단 아 금 독 포 언 전 찰 진 설 항 설 상 하 시 시 료

又 能說者 不從外入 不從中出
우 능 설 자 부 종 외 입 부 종 중 출

不是咽喉裏出來 不是意識邊做著 非古然也 非今然也.
불 시 인 후 이 출 래 불 시 의 식 변 주 착 비 고 연 야 비 금 연 야

---

1. 축착합착築着磕着은 축대의 댓돌이나 맷돌을 쌓을 때 돌의 위쪽 아래쪽 아귀가
   착착 들어맞는 것인데, 여기에서는 부처님의 마음자리인 근본 이치에 맞아떨어
   지는 것을 말한다.
2. 해인海印은 부처님의 마음을 말한다. 바다가 모든 것을 받아들이듯, 부처님의
   마음은 어떤 경계도 포용한다는 뜻이다.

한 번 일러 보아라. 어떻게 해야 제대로 알 것인가? 옛 사람의
말을 한 번 들어보아라.

　　모든 강물 흘러 흘러 동해로 가고
　　흰 구름은 산봉우리 곁에 떠도네.

법이 착착 맞아떨어져 통하지 않는 곳이 없으므로, 눈앞에서
알고 보는 유정 무정이 다 묘법을 설하면서 또한 법을 들으
니, 부처님의 마음이 삼라만상을 하나도 빠짐없이 받아들이
고 내놓는다.

이는 지금 나 혼자만 말하는 것이 아니라 부처님 국토의 티끌
조차 늘 말하고 있는 것이니, 어느 때 이 말을 빠짐없이 다 할
수 있겠느냐.

또 말을 할 수 있는 것이 바깥에서 온 것도 아니요 가운데서
나온 것도 아니고, 목구멍 속에서 나온 것도 아니요 의식으로
만든 것도 아니며, 예전에 그런 것도 아니요 지금 그런 것도
아니다.

能聽亦爾 天然之法 自然如是.
능청역이 천연지법 자연여시

囊裡錐鋩 欲隱彌露
낭리추망 욕은미로

不妨重說 褒揚佛化.
불방중설 포양불화

頌曰
송 왈

如是妙法已曾宣 未降王宮明歷歷
여시묘법이증선 미강왕궁명역력

阿難結集强安名 鳩摩羅什[1] 漫飜譯
아난결집강안명 구마라습 만번역

我今讚唄令樂聞 任你諸人能聽法
아금찬패영악문 임니제인능청법

佛法只在堪保任 直下承當莫生惑.
불법지재감보임 직하승당막생혹

---

1. 구마라습鳩摩羅什(343-413)은 7살 때 어머니를 따라 출가하여 많은 책을 읽었으
  며 대승 경전에 밝았다. 후한後漢 요흥姚興이 국사로 대우하고 서명각西明閣과
  소요원逍遙園에서 경전을 번역케 하니 무릇 380여 권이나 번역하였다. 어느 날
  병이 들어 대중에게 말하기를 내가 번역한 것에 오류가 없다면 화장한 뒤에 혀가
  타지 않고 남아 있을 것이라고 하였는데, 과연 혀만 타지 않고 남아 있었다고
  한다.

또 들을 수 있는 것도 그러하여 본디 그러한 법이요 저절로
그러한 법이다.

주머니 속의 송곳 끝은 삐죽이 나와 감추려 해도 그대로 드
러나니, 거리낌 없이 거듭 부처님의 중생교화를 찬탄하여
드러내겠다.

게송으로 말하노라.

　　이와 같은 오묘한 법 이미 펼쳐져
　　석가모니 그 이전에 환하게 밝아
　　아난존자 결집한 일 억지로 한 일
　　구마라습 잘난 번역 쓸데없는 일

　　내가 이제 찬탄하여 듣게 하는 법
　　그대들의 마음으로 들어 보게나
　　도는 오직 마음 챙긴 곳에 있을 뿐
　　바로 믿고 받아들여 의심을 말라.

次擧七軸大意

只這蓮經七軸 人人本有 不可名言 縱橫强說.
지 저 연 경 칠 축 인 인 본 유 불 가 명 언 종 횡 강 설

但以衆生垢重
단 이 중 생 구 중

不知世諦[1]是實相 麤法是妙法 安處火宅 坐待煎熬.
부 지 세 제 시 실 상 추 법 시 묘 법 안 처 화 택 좌 대 전 오

故 釋迦老子 初成正覺 在寂滅場[2]中
고 석 가 노 자 초 성 정 각 재 적 멸 장 중

現舍那身[3] 服珍御服 與法身[4]大士[5] 根熟八部
현 사 나 신 복 진 어 복 여 법 신 대 사 근 숙 팔 부

以法界[6]爲體 虛空爲用 說華嚴頓敎.
이 법 계 위 체 허 공 위 용 설 화 엄 돈 교

---

1. '세제世諦'는 세간에서 통하는 진리를 말한다.
2. 적멸도량은 시비분별이 다 사라진 고요한 부처님의 마음자리를 말한다.
3. 사나舍那는 비로사나의 약칭이며 노사나라고도 한다. 노사나불은 수행의 결과
   물로 나타난 부처님의 세상 전체를 말한다.
4. 법신은 법 자체를 부처님의 몸으로 보는 것이다.
5. 보살은 보리살타菩提薩陀의 준말로 개사開士, 대사大士, 고사高士 등으로 불린
   다. 육바라밀을 닦고 네 가지 큰 서원을 세워 자신과 남을 이롭게 하는 보살행을
   실천하는 사람을 말한다.
6. 법계는 부처님의 법으로 펼쳐진 세계를 말한다.

연꽃법화경 전체 줄거리

『연꽃법화경』은 사람마다 본디 갖추고 있는 지혜이기에 언어 문자로써 이리저리 억지로 말할 수 있는 내용이 아니다.

다만 번뇌 속에 사는 중생들이 세간의 이치가 실상이며 현상으로 드러난 모습이 곧 오묘한 법인 줄 알지 못하므로, 그들의 삶은 아무것도 몰라 불난 집에서 타 죽기를 앉아 기다리는 모습과 같다.

그래서 석가모니 부처님께서는 높고 바른 깨달음을 처음 이루시고, 적멸도량에서 아름다운 노사나불의 모습으로 법신 보살과 팔부신중과[1] 함께, 법계로 그 바탕을 삼고 허공으로 그 쓰임새를 삼아 화엄의 돈교를[2] 설하셨다.

---

1. 팔부신중八部神衆은 부처님 법을 지키고 보호하는 여덟 신중神衆을 일컫는 말이다. 하늘 신, 용, 야차, 아수라, 가루라, 건달바, 긴나라, 마후라가 여덟 종류의 신장神將을 말한다.
2. 돈교는 단숨에 깨닫는 이치를 알게 해 주는 가르침을 말한다.

其說離相寂然
기 설 이 상 적 연

衆德悉備 一麤一妙 圓[1]別[2]同時.
중 덕 실 비 일 추 일 묘 원 별 동 시

所謂 刹說塵說 佛說菩薩說 三世一時說 是也.
소 위 찰 설 진 설 불 설 보 살 설 삼 세 일 시 설 시 야

然 此頓教
연 차 돈 교

宜於地上菩薩[3] 及宿世上根 不宜於二乘.
의 어 지 상 보 살 급 숙 세 상 근 불 의 어 이 승

爾時 如來 脫舍那服 現劣應身[4].
이 시 여 래 탈 사 나 복 현 열 응 신

示從兜率[5] 降托摩耶 住胎出胎.
시 종 도 솔 강 탁 마 야 주 태 출 태

---

1. 원교는 모든 중생을 빠짐없이 제도하는 오롯한 가르침을 말한다.

2. 별교는 부처님의 가르침 가운데 본디 이 세상을 차별 없이 보라는 특별한 가르침을 말한다.

3. 지상보살地上菩薩은 10지地 보살을 말한다. 십지는 보살이 수행하는 과정에서 거치는 52단계의 마지막 열 가지 수행 단계이다.

4. 응신은 부처님께서 중생들을 교화하기 위하여 중생들의 근기에 맞추어 드러낸 몸을 말한다.

5. 도솔천에서 외원外院은 즐거움을 누리면서 사는 곳이고, 내원內院은 다음 부처님이 될 보처補處 보살이 사는 곳이다. 석가모니불도 보처보살로 있을 때 호명보살로 살다가 가비라국에 내려와 태어나셨다고 한다. 현재는 다음 부처님이 될 미륵보살이 살면서 성불할 시기를 기다린다고 한다.

그 설법은 모든 상相에 대한 집착을 떠나 고요하므로 온갖 공덕이 다 갖추어져 있고, 하나하나의 모습이 거칠게 드러나든 오묘한 도리이든 원교와 별교가 함께 있다.

이른바 찰나에 설하고 티끌로 설하며, 부처님이 설하고 보살이 설하여 삼세가 한꺼번에 설했다는 것이 바로 이 법이다.

그러나 단숨에 설해진 이런 가르침은, 십지十地에 들어간 보살이나 전생에 공부를 익힌 최상근기의 사람들에게는 맞았지만, 성문과 연각에게는 맞지 않았다.

그러자 여래께서는 아름다운 노사나불의 몸을 벗어나 중생의 몸으로 나토시었다.

도솔천에서 카필라 왕궁의 마야 부인 몸속으로 내려와 인간으로 태어나 왕자로서 성장한 것이다.

納妃生子 出家苦行 見星悟道.
납비생자 출가고행 견성오도

六年出山 坐木樹下 以草爲座 說漸敎[1] 法門.
육년출산 좌목수하 이초위좌 설점교 법문

初爲五人 說諦[2] 緣[3] 法 以明修斷之相.
초위오인 설제연법 이명수단지상

次說方等[4] 彈偏 折小歎大 褒圓半滿[5] 俱說漸令純熟.
차설방등 탄편 절소탄대 포원반만 구설점령순숙

次說 般若[6] 談諸法空 融三汰諸轉敎. 付財俾克家業
차설 반야 담제법공 융삼태제전교 부재비극가업

衆志貞實 方說此大乘圓敎.
중지정실 방설차대승원교

---

1. 점교는 점차 수행에 대한 가르침을 말한다. '점漸'이란 중, 하근기를 위하여 복이 많은 사람이나 하늘 세상에 태어나는 가르침인 인천교, 성문과 연각에 대한 가르침인 소승교, 법의 모습을 말해 주는 가르침인 법상교法相敎, 법의 실체를 모조리 부정하는 가르침인 파상교破相敎를 말한다. 그들의 근기가 성숙됨을 기다린 다음에 근본이치를 설하니 『연꽃법화경』과 『열반경』 등이 여기에 속한다.
2. 사제는 고제苦諦, 집제集諦, 멸제滅諦, 도제道諦 네 가지 진리를 말한다.
3. 십이연기는 무명에서 중생의 생로병사까지 중생계가 형성되는 과정을 열두 가지로 설명하는 진리이다. 무명無明, 행行, 식識, 명색名色, 육입六入, 촉觸, 수受, 애愛, 취取, 유有, 생生, 노사老死를 말한다.
4. 방등부 경전은 바르고 반듯한 광대한 진리를 설한 경전을 말한다.
5. 반자교半字敎는 소승의 가르침이고 만자교滿字敎는 대승의 가르침을 말한다.
6. 반야부 경전은 모든 것이 다 공空이라는 입장을 드러내며 대승불교의 시초가 된 경전이다.

44

그리고 야수다라를 아내로 맞이하여 라후라를 낳고는 출가하여 어느 날 새벽 밝은 별을 보고 깨달았다. 고행 6년 만에 산중에서 나와 큰 나무 아래에 풀을 깔고 자리에 앉아 점교漸敎 법문을 설하셨다.

처음에는 교진여 등 다섯 비구를 위하여 네 가지 성스런 이치와 열두 가지 연기법을 설하여, 중생이 팔정도로 번뇌를 끊고 깨닫는 모습을 밝혔다.

그 다음에는 방등부 경전을 설하여 한쪽에 치우친 견해를 지탄하고, 작은 가르침을 물리치고 큰 가르침을 찬탄하였다. 소승과 대승의 가르침을 원만하게 받아들여 듣는 이들의 수준이 점차 높아지게 설하였다.

그리고는 반야부 경전을 설하여 모든 법이 공空임을 일러주고, 삼승을 회통시켜 잘못된 모든 가르침을 잠재운다.

이 가르침으로 대중들의 마음이 곧고 알차게 되어서야 비로소 이 대승의 원만한 가르침『연꽃법화경』을 설하였다.

其說 開權現實 會三歸一.[1]
기설 개권현실 회삼귀일

暢寂場之本懷 開靈山之勝會
창적장지본회 개영산지승회

圓昔頓漸之義 融今法喩之說.
원석돈점지의 융금법유지설

空[2]假[3]雙彰 始終一貫
공 가 쌍창 시종일관

諦緣度等 莫不同攝.[4]
제연도등 막불동섭

法會之初 文殊[5]居先 所以彰實智也
법회지초 문수 거선 소이창실지야

方便之始 鶖子在首 所以標權智也.
방편지시 추자재수 소이표권지야

---

1. 회삼귀일會三歸一은 삼승을 모아 일승으로 간다는 뜻이다. 일승一乘은 일불승一
   佛乘을 줄인 말인데 부처님의 마음자리를 말한다.
2. 공空은 중생의 시비분별이 다 사라져 텅 빈 부처님의 마음자리를 말한다.
3. 가假는 인연 따라 나타나는 온갖 법을 말한다.
4. 동사섭同事攝은 교화할 중생을 거두어 똑같은 모습으로 살아가면서 그들의 잘
   못을 고쳐주는 보살행을 말한다.
5. 문수보살은 지혜를 상징하는 보살로서 오른손에는 칼을 들고 왼손에는 연꽃을
   쥐고 있다. 사자를 타고 있는 형상으로 나타나는 것은 지혜의 위엄과 용맹을
   뜻한다.

『연꽃법화경』의 가르침은 중생을 위하여 방편을 베풀면서 부처님의 참모습을 드러내고, 성문 연각 보살을 회통하여 일불승으로 돌아간다.

적멸도량의 근본 가르침을 막힘없이 드러내어 영취산에서 성대한 법회를 열고, 과거에 설했던 돈교와 점교의 뜻을 원만하게 하여 지금 법과 비유로 설한 것을 하나로 만든다.

> 공空과 인연 둘이 함께 드러난 모습
> 처음부터 끝까지가 하나의 진리
> 사제법과 십이연기 육바라밀 등
> 이 모든 것 한결같이 동사섭이네.

법회를 시작할 때 서품에서 문수보살을 앞에 둔 것은 실상의 지혜를 드러내기 위한 것이다.

방편품을 시작할 때 사리불이 첫머리에 있는 것은 지혜 방편을 표방하기 때문이다.

火宅窮子 藥草授記 對中根也.
화 택 궁 자 약 초 수 기 대 중 근 야

化城授記[1] 與學無學 對下根也.
화 성 수 기 여 학 무 학 대 하 근 야

法師之說廣記也.
법 사 지 설 광 기 야

寶塔之瑞圓證也.
보 탑 지 서 원 증 야

達多授記 龍女成佛 現此法之妙利也.
달 다 수 기 용 녀 성 불 현 차 법 지 묘 리 야

菩薩忍持 聲聞廣被 顯此法之弘化也.
보 살 인 지 성 문 광 피 현 차 법 지 홍 화 야

---

1. 수기授記는 다음 세상에 부처님이 된다는 것을 미리 말해 주는 것을 말한다.

비유품의 불타는 집, 신해품의 가난한 아들, 약초유품의 약초 등의 비유와 수기품의 수기 내용은 모두 중간 근기를 위한 것이다.

화성유품과 수학무학인기품授學無學人記品은 근기가 낮은 이들을 위한 가르침이다.

법사품은『연꽃법화경』과 인연 있는 이들 모두에게 장차 성불할 것이라고 자세히 이야기를 해 주고 있다.

견보탑품의 상서로움은 이 법이 오롯함을 증명하는 것이다.

그리고 제바달다품에 등장하는 제바달다의 수기와 어린 용녀의 성불은 오묘한 법의 빼어난 공덕을 보여준다.

권지품에서 보살들이 자비로운 마음으로 늘 이 경을 지녀 많은 성문들이 그 가르침을 받으니 이는 널리 법을 펴는 모습을 드러내고 있다.

至若安樂之正行
지약 안락 지 정행

菩薩之湧出 如來之壽量
보살 지 용출 여래 지 수량

持此法也.
지 차법 야

分別隨喜法師不輕 喩持法之利益也.
분별 수희 법사 불경 유 지법 지 이익 야

如來神力 如來流通之始也.
여래 신력 여래 유통 지 시 야

至於神力發起 言法囑累
지어 신력 발기 언법 촉루

藥王本事 菩薩流通之始也.
약왕 본사 보살 유통 지 시 야

然身苦行.
연 신 고행

안락행품에서 제시하는 보살들이 가까이 해야 할 바른 행, 종지용출품에서 보살들이 부처님의 법을 받들고자 땅속에서 솟아오르는 모습, 그리고 여래 수명이 영원하다는 여래수량품의 가르침은 법을 듣는 중생으로 하여금 이 법을 믿고 지니도록 방편으로 베푼 것이다.

분별공덕품, 수희공덕품, 법사공덕품, 상불경보살품은『연꽃법화경』을 지녀서 얻는 공덕을 비유를 가지고 이야기한다.

여래신력품에서는 여래께서 신통으로 이 법의 공덕을 찬탄하며 이 경을 후대에 유통시켜야 한다는 것을 밝힌다.

촉루품에서는 석가모니 부처님께서 신통을 보여주며 모든 보살들에게 이 법의 유통을 당부하였다.

약왕보살본사품에서는 석가모니 부처님이 보살들에게 이 법의 유통을 당부한다. 그러자 그 뜻을 받들려고 몸을 불살라 소신공양하는 약왕보살의 헌신을 보여주고 있다.

三昧妙行.
삼매묘행

觀音圓行.
관음원행

乃至神力弘護 愛緣轉邪.
내지신력홍호 애연전사

其事雖殊 流通則一也.
기사수수 유통즉일야

묘음보살품에서는 삼매에서 나타나는 미묘하고 오묘한 행
을 보여주었다.

관세음보살보문품에서는 관세음보살이 중생들의 부름에
빠짐없이 감응하는 오롯한 행을 보여주었다.

다라니품은 신주神呪로『연꽃법화경』의 가르침을 전하는 연
꽃 법사를 옹호하고 있음을 보여주고, 묘장엄왕본사품에서
는 부자지간의 인연으로 묘장엄왕이 삿된 소견을 버리고 부
처님께 귀의하는 모습이 그려졌다.

이 가르침들이 비록 내용은 다를지라도 이 법을 유통하는
입장에서는 동일한 목적으로 설해진 것이다.

常行一段 始終之義也
상 행 일 단 시 종 지 의 야

七軸蓮經 智行之說也.
칠 축 연 경 지 행 지 설 야

一光東照 全彰智境.
일 광 동 조 전 창 지 경

四法成就 行門悉備.
사 법 성 취 행 문 실 비

初說三周[1]明體也 終顯六行明用也.
초 설 삼 주 명 체 야 종 현 육 행 명 용 야

許多提唱 無非智行.
허 다 제 창 무 비 지 행

智能證覺 行能成德.
지 능 증 각 행 능 성 덕

智行兩全 乃得其妙. 故 標其題曰 妙法蓮華經.
지 행 양 전 내 득 기 묘 고 표 기 제 왈 묘 법 연 화 경

---

1. 삼주三周 설법은 『연꽃법화경』을 본문本門과 적문迹門으로 나눌 때, 적문에서
   설법한 중심 부분을 법설주法說周, 비유설주譬喩說周, 인연설주因緣說周 세 가지
   로 구분한 것을 말한다.

처음부터 끝까지『연꽃법화경』을 관통하는 중심 생각은 '늘 이 법을 행하라'는 것이니, 이것으로 이 경은 지혜의 실천을 중요시하고 있음을 알 수 있다.

부처님의 한 줄기 백호광명이 동쪽으로 비치는 것은 지혜의 경계를 전부 드러낸 것이다.

몸, 입, 뜻, 서원 이 네 가지 법이 청정하게 성취된 것은 실천할 수행문을 다 갖춘 것이다.

법과 비유와 인연을 처음에 두루 설한 것은 그 바탕을 밝힌 것이고, 청정한 육근의 공덕을 나중에 나타낸 것은 그 쓰임새를 밝힌 것이다.

이렇게 많은 내용의 말들이 모두 지혜의 실천 아닌 것이 없다. 지혜로 깨달음을 증득할 수 있고, 그 실천으로 온갖 공덕을 이룰 수 있다. 지혜와 이를 실천하는 삶이 둘 다 완전해야 그 미묘한 맛을 얻는 것이다. 그러므로 이 경을『연꽃법화경』이라고 부른다.

畧釋題義 則眞性湛然
약 석 제 의 즉 진 성 담 연

逈絶言辭 謂之妙
형 절 언 사 위 지 묘

實相通該 昭然顯著 謂之法.
실 상 통 해 소 연 현 저 위 자 법

花果同時 處梁常淨 謂之蓮
화 과 동 시 처 량 상 정 위 지 련

虛而甚眞 萬行圓備 謂之華
허 이 심 진 만 행 원 비 위 지 화

開佛知見 普令悟入 謂之經.
개 불 지 견 보 령 오 입 위 지 경

而其一部大藏
이 기 일 부 대 장

則皆以一大事因緣出世 純以一佛乘開示其實.
즉 개 이 일 대 사 인 연 출 세 순 이 일 불 승 개 시 기 보

제목을 풀이하며

'연꽃법화경'으로 풀이한 '묘법연화경'은 어떤 의미를 담고 있는가.

참다운 성품은 고요하고 맑아 말로 표현할 수 있는 길이 없기에 '묘妙'라 하고, 참 모습이 어디에도 걸리지 않고 분명히 드러나므로 '법法'이라고 한다.

꽃과 열매가 동시에 있고, 더러운 곳에 있으면서도 늘 깨끗한 연꽃의 성품과 같으므로 '연蓮'이라 하고, 비어 있는 듯하나 매우 깊은 성품이 있어 온갖 행을 원만하게 갖추고 있기에 '화華'라 하며, 부처님의 지견을 열어 모든 사람이 두루 깨달아 들어가게 하였으므로 '경經'이라고 한다.

『연꽃법화경』은 모든 부처님께서 일대사인연으로 이 세상에 출현하여 일불승으로 순수하게 중생들이 갖고 있는 부처님의 성품을 활짝 열어 보인 것이다.

偈有曰
게 유 왈

無二亦無三[1] 則教一也
무 이 역 무 삼　즉 교 일 야

正直捨方便 則行一也.
정 직 사 방 편　즉 행 일 야

但爲菩薩乘 則人一也
단 위 보 살 승　즉 인 일 야

世間相常住 則理一也.
세 간 상 상 주　즉 리 일 야

其時則日午也
기 시 즉 일 오 야

其味則 醍醐也.
기 미 즉　제 호 야

性相兼該 體用雙彰 迷悟雙泯 種果圓成.
성 상 겸 해　체 용 쌍 창　미 오 쌍 민　종 과 원 성

---

1. 이승은 공空과 연기법의 이치에만 집착하여 폭이 좁게 공부하는 성문과 연각을
　말한다. 성문, 연각, 보살승을 합쳐 '삼승三乘'이라 한다.

방편품 게송에서 "이승도 없고 삼승도 없다."고 말한 것은 가르침이 오직 '하나'라는 것을 말하고, "바르고 곧은 마음으로 방편을 버린다."는 것은 실천하는 삶이 오직 '하나'라는 것을 말한다.

신해품의 게송에서 "다만 보살승만 위한다."라고 한 것은 가르치는 사람들의 근기가 오직 '하나'라는 것을 말하고, "세간의 모습이 법의 자리에 늘 머문다."는 것은 곧 이치가 오직 '하나'라는 것을 말한다.

그 법을 말한 때는 한낮이므로 모든 중생들이 볼 수 있었고, 그 법의 맛은 어느 것에도 비유될 수 없을 정도로 최고였다.

성性과 상相을 아우르고 체體와 용用이 드러나며 미혹과 깨달음이 사라져 씨앗과 열매가 원만 성취된 것이다.

此如獅子窟中 盡成金毛 栴檀林下 純是眞香.
차 여 사 자 굴 중 진 성 금 모 전 단 림 하 순 시 진 향

嗔喜偏圓 俱獲白牛之車.[1]
진 희 편 원 구 획 백 우 지 거

見聞隨喜[2] 盡授青蓮[3]之記.
견 문 수 희 진 수 청 련 지 기

一事一相 無非妙法 一讚一揚 皆是妙心.
일 사 일 상 무 비 묘 법 일 찬 일 양 개 시 묘 심

推而擧之 擴而充之 則山河大地 明暗色空 皆顯妙體
추 이 거 지 확 이 충 지 즉 산 하 대 지 명 암 색 공 개 헌 묘 체

生死涅槃 菩提[4]煩惱 皆是妙用.
생 사 열 반 보 리 번 뇌 개 시 묘 용

一一圓融 一一周徧 無取無捨 無缺無餘.
일 일 원 융 일 일 주 변 무 취 무 사 무 결 무 여

---

1. 흰 소가 끄는 수레는 부처님 세상으로 바로 들어가는 일승一乘에 비유한다. 불타고 있는 집에서 아이들을 구하려고 부처님께서 양이 끄는 수레, 사슴이 끄는 수레, 소가 끄는 수레를 아이들에게 준다고 한 것은 방편을 쓴 것이다. 불타고 있는 집에서 벗어나 안전한 곳에 이르렀을 때 아이들을 흰 소가 끄는 수레에 태워 부처님 세상으로 들어가게 한 것이 일불승이다.
2. 수희隨喜는 불보살이나 다른 사람의 좋은 일을 자신의 일처럼 따라서 함께 기뻐하는 것이다.
3. 푸른 연꽃 '청련'은 부처님의 눈을 비유하는 말이니, 여기서는 부처님을 말한다.
4. 생사는 중생의 삶이고 열반은 부처님의 삶이며 보리는 깨달음을 말한다.

이는 마치 사자굴 안이 전부 금빛 털로 가득 차고 전단 숲 아래 도처에서 전단향 냄새만 나는 것과 같다.

자연스레 『연꽃법화경』을 듣는 사람들은 성내든 기뻐하든, 견해가 치우쳤든 오롯하든 간에 이들 모두는 흰 소가 끄는 큰 수레를 타고 열반으로 들어간다.

그러므로 이 법을 보는 이나 듣는 이, 이들의 모습을 함께 기뻐하는 연꽃 법사들은 모두 빠짐없이 부처님의 수기를 받는 것이다.

보고 듣는 일이나 일어나는 현상 하나하나 미묘한 법 아닌 것이 없고, 중생들이 부처님을 깊이 찬탄하고 선양하는 모든 것이 다 오묘한 마음이다.

이 내용으로 미루어 보면 산하대지, 밝음과 어둠, 색色과 공空, 이 모든 것이 다 오묘한 바탕을 드러내고, 생사와 열반, 보리와 번뇌가 모두 미묘한 작용이다.

그러므로 낱낱이 다 오롯하고 하나하나가 다 두루 하여 취하거나 버릴 것이 없으며 모자라거나 남을 것도 없다.

風颯颯月團團 燈明常顯於目前
풍 삽 삽 월 단 단 등 명 상 현 어 목 전

鳥口官口官花簇簇 普賢常行於法界.
조 구 관 구 관 화 족 족 보 현 상 행 어 법 계

卽法明心 燈籠鼓舞
즉 법 명 심 등 롱 고 무

卽麤顯妙 露柱懷胎.
즉 추 현 묘 노 주 회 태

諸佛之能事畢矣 衆生之筌筏大矣.
제 불 지 능 사 필 의 중 생 지 전 벌 대 의

莫有伶俐漢 不惜身命 荷擔靈峯 奉宣流通者麼.
막 유 영 리 한 불 석 신 명 하 담 영 봉 봉 선 유 통 자 마

不妨出來 將與汝隨喜了也.
불 방 출 래 장 여 여 수 희 료 야

雖然 如是妙法 不可以言辭稱.
수 연 여 시 묘 법 불 가 이 언 사 칭

蓮華不可以眞假喩 將什麼隨喜. 咄.
연 화 불 가 이 진 가 유 장 삼 마 수 희 돌

將大乘妙法蓮華經七字隨喜.
장 대 승 묘 법 연 화 경 칠 자 수 희

시원한 바람 속에 두둥실 떠오른 둥근 달은 늘 '등불처럼 밝은 부처님'이 눈앞에 나타나는 것이고, 즐겁게 새가 지저귀고 꽃이 한아름 활짝 피는 것은 법계에서 보현이 늘 보살행을 행하는 것이다.

법에서 마음을 밝히는 것은 붉은 등불이 너울너울 춤을 추는 것이고, 나타난 모습에서 오묘한 도리를 드러내는 것은 부처님 법당의 둥근 기둥이 아이를 품는 것이다.

모든 부처님이 할 수 있는 일을 다 해 마쳤으니 중생을 제도하는 온갖 방편이 참으로 크다. 총명한 자로 목숨을 아끼지 않고 영취산 법회를 책임지고 받들어서 유통을 시킬 사람이 있느냐. 서슴없이 나오너라. 내가 너와 함께 기뻐할 것이다.

함께 기뻐하더라도 오묘한 법은 말로 표현할 수 없다. 연꽃의 참다운 법은 참이다 거짓이다 말할 수 없으니 무엇으로 함께 따라 기뻐할 수 있겠는가. 알겠느냐?

'연꽃법화경'이라는 다섯 글자를 들어 기뻐하겠노라.

讚曰
찬 왈

一光東照 全彰法體
일 광 동 조 전 창 법 체

一雨普滋 應化羣機.
일 우 보 자 응 화 군 기

保任此事 終不虛也 誠諦之語 無有錯也.
보 임 차 사 종 불 허 야 성 체 지 어 무 유 착 야

如智醫之留藥 若輪王之與珠.[1]
여 지 의 지 류 약 약 륜 왕 지 여 주

直得雨霽雲收 空澄海濶
직 득 우 제 운 수 공 징 해 활

快覩靈山玉毫 掀飜多寶妙塔.
쾌 도 영 산 옥 호 흔 번 다 보 묘 탑

正當伊麽時 且道 一光在甚處.
정 당 이 마 시 차 도 일 광 재 삼 처

---

1. 이 『연꽃법화경』은 여래의 최고 법문이다. 모든 설법 가운데 가장 깊은 이치가
있기 때문에 맨 마지막에 설하는 것이, 마치 힘센 전륜성왕이 오랫동안 밝은 구
슬을 머리에 갖고 있다가 큰 공을 세운 이에게 비로소 내어주는 것과 같다. 이
『연꽃법화경』은 모든 부처님께서 참으로 하시고 싶었던 법문이니, 모든 경전 가
운데 그 뜻이 가장 으뜸이다. 오랫동안 간직하여 함부로 설하지 않다가 비로소
이제 설하셨으니 이 경을 찬탄하고 있다.

연꽃법화경을 찬탄하노라

부처님께서 눈썹 사이 흰 터럭 끝에서 광명을 놓아 동방 일만 팔천 세계를 두루 비치니 법의 바탕을 완전히 드러낸다. 하늘에서 많은 비를 내리듯 큰 법을 내리시니, 자비로운 지혜로 여러 근기를 보듬어 주는 것이다.

그러므로 이 일을 챙겨나간다면 끝내 헛되지 않고, 자상하고 정성스런 말로서 진실에 어긋날 게 없다.

이는 지혜로운 의사가 약을 처방하고, 전륜성왕이 왕권을 위임하는 보배 구슬을 주는 것과 같다.

바로 비가 개고 구름이 걷혀 허공이 말쑥하고 바다가 펼쳐지니, 흥겹게 영산회상의 흰 터럭에서 나오는 빛줄기 광명으로 다보여래 보배 탑이 솟아오르는 것을 볼 것이다.

바로 이때 한 줄기 광명이 어느 곳에 있는지 한 번 일러 보아라.

千江有水千江月
천강유수천강월

萬里無雲萬里天.[1]
만리무운만리천

頌曰
송 왈

雲起千山曉 風高萬木秋
운기천산효 풍고만목추

石頭城[2]下泊 浪打釣魚舟
석두성 하박 낭타조어주

1. 원순,『종경 스님 금강경』도서출판 법공양, 2012년, 68쪽.
2. 석두성石頭城은 중국 금릉金陵의 강가에 있는 큰 성을 말하는데, 여기서는 큰
　　도시를 상징하는 뜻으로 풀이하였다.

일천 강에 물이 있어 강물마다 달이 있고
눈 가는 곳 구름 없어 온 허공이 푸른 하늘.

게송으로 말하노라.

이른 새벽 모든 산에 뭉게구름 피어나고
소슬바람 높게 부니 숲 가득히 단풍이네
서울 한강 나루터에 덩치 큰 배 다가오자
낚시하는 작은 배에 밀려오는 큰 물결들.

연꽃법화경 각 품을 찬탄하다

序品 讚曰

一切聖賢如電拂.
일 체 성 현 여 전 불

如來是所說之主 恒沙衆生成正覺 海會是能聽之伴.
여 래 시 소 설 지 주 항 사 중 생 성 정 각 해 회 시 능 청 지 반

影響師資 會合同異 龍天欽仰.
영 향 사 자 회 합 동 이 용 천 흠 앙

欲彰寂場本懷 光闡靈峯標格
욕 창 적 장 본 회 광 천 영 봉 표 격

黑山下動地放光 死水裏興雲吐霧.
흑 산 하 동 지 방 광 사 수 리 흥 운 토 무

1. 연꽃법화경 설할 인연을 찬탄하다

성현들도 순식간에 사라지는 번갯불과 같다.

하지만 여래께서 설법하는 주체가 되고, 갠지스 강 모래알처럼 많은 중생들이 바른 깨달음을 이루니, 수많은 중생들이 법을 듣는 도반이 된다.

그림자나 메아리처럼 스승과 제자가 다양하게 어울리니 용과 하늘의 신들이 공경하여 우러러본다.

적멸도량 그 자리를 밝히고자 빛나는 영산회상을 드러내니, 깜깜한 산 밑에서 땅을 흔들며 광명을 놓고 잔잔한 물속에서 구름을 일으키며 안개를 내뿜는다.

大事因緣甚深 一切聖凡難解.[1]
대 사 인 연 심 심　일 체 성 범 난 해

若非逸多[2]發問 爭決四衆[3]狐疑.
약 비 일 다　발 문　쟁 결 사 중　호 의

前聖後聖一揆 法王法令當行.
전 성 후 성 일 규　법 왕 법 령 당 행

要見法王法令麼.
요 견 법 왕 법 령 마

妙印手持沙塞靜 當陽那肯露纖機.
묘 인 수 지 사 새 정　당 양 나 긍 노 섬 기

頌曰
송 왈

靈鷲山中花正開 萬年枯菱[4]長青梅
영 취 산 중 화 정 개　만 년 고 릉　장 청 매

莫言春色今方好 開了前年手自栽.
막 언 춘 색 금 방 호　개 료 전 년 수 자 재

---

1. 방편품에서는 일대사인연의 뜻을 다음과 같이 설명하고 있다. "모든 부처님께서는 중생들이 부처님의 지견을 열어 맑고 깨끗한 마음을 얻게 하려고 이 세상에 나타나신 것이다. 중생에게 부처님의 지견을 보이려고 이 세상에 나타나신 것이며, 중생들이 부처님의 지견을 깨닫게 하려 이 세상에 나타나신 것이며, 중생들이 부처님의 지견에 들게 하려 이 세상에 나타나신 것이다. 사리불이여, 이것이 모든 부처님께서 오직 일대사인연으로 이 세상에 나타나시는 까닭이다." 원순, 『연꽃법화경』 도서출판 법공양, 2002년, 49쪽~50쪽.

2. 아일다는 석가모니 부처님의 제자로, 다가오는 세상에서 전륜성왕이 되었다가 먼 훗날 이 세상의 미륵 부처님이 되실 분이다.

3. 사부대중은 비구, 비구니, 남자 신도, 여자 신도 모두를 말하는 것이다.

4. 능菱은 마름플로 물 위에 떠서 자라는 한해살이 수초이다. 매화처럼 생긴 하얀 작은 꽃이 핀다.

일대사인연의 뜻은 매우 깊으므로 어떤 성현이나 범부도 알지 못하니, 미륵보살의 물음이 아니었다면 어찌 모든 대중의 의심을 풀 수 있었겠는가?

앞서간 성현과 뒤이은 성현이 한결 같으니, 부처님의 가르침은 당연히 펼쳐져야 한다. 부처님의 가르침을 보고자 하는가?

    손에 묘책 지녔기에 사막 변방 고요한 것
    눈앞에서 어떤 계책 보일 필요 있겠는가.

게송으로 말하노라.

    영취산 그 산중에서 꽃들이 피어
    물기 없는 마름 넝쿨 청매 열리니
    금년 봄만 참 좋다고 말하지 말게
    작년에도 봄빛 활짝 꽃이 피었네.

方便品 讚曰

大覺尊 從定起而歎方便 葛藤彌天.
대각존 종정기이탄방편 갈등미천

舍利弗 代衆疑而請解說 波濤動地.
사리불 대중의이청해설 파도동지

一相一味 猶且筏喻
일상일미 유차벌유

三止三請[1] 早居門外.
삼지삼청 조거문외

三千妙境叵測 恒沙菩薩難信
삼천묘경파측 항사보살난신

直得無復枝葉 純有貞實.
직득무부지엽 순유정실

---

1. 사리불이 부처님께 간절히 법을 세 번 청하였다. 이 와중에 교만한 무리 오천
   명은 물러갔다.

2. 일불승을 위한 방편을 찬탄하다

부처님이 선정에서 일어나 여래의 방편을 찬탄하니 그 말씀이 하늘에 가득하다.

그러므로 사리불이 부처님께 대중의 의심을 풀어주기를 간청한 것은, 파도로 육지를 움직이는 일과 같다.

부처님의 마음자리를 표현하는 '하나의 모습과 맛'이란 표현도 오히려 뗏목의 비유에 불과하고, 간절히 거듭 법을 청하는 일도 선종의 집안에서 해야 할 것이 아니다.

헤아릴 수 없이 많은 경계를 짐작조차 할 수 없고 갠지스 강모래알처럼 많은 보살들도 믿기 어려운 일이니, 바로 군더더기 없이 순수하며 곧고 알찰 뿐이다.

三千年一現靈華後
삼 천 년 일 현 영 화 후

開一佛乘大事因緣出世.
개 일 불 승 대 사 인 연 출 세

一色一香 無非實相 一稱一歎 咸趣菩提.
일 색 일 향 무 비 실 상 일 칭 일 탄 함 취 보 리

要見趣菩提方便麼.
요 견 취 보 리 방 편 마

月船不犯東西岸 須信篙人用意良.
월 선 불 범 동 서 안 수 신 고 인 용 의 량

頌曰
송 왈

象王黙黙開方便 鶖子重重請偈言
상 왕 묵 묵 개 방 편 추 자 중 중 청 게 언

久黙本懷今始暢 全提權實盡掀翻
구 묵 본 회 금 시 창 전 제 권 실 진 흔 번

76

이는 우담발화 꽃이 3천년 만에 때맞추어 한 번 피듯, 뒤에 부처님의 일대사인연이 세상에 펼쳐지는 것이다.

빛깔과 냄새 어느 하나 부처님의 참모습 아닌 것이 없고, 감탄과 칭찬 하나하나가 모두 깨달음으로 가는 길이다.

깨달음으로 가는 방편을 보고자 하느냐?

　　달빛 실은 조각배에 올라탔으면
　　뱃사공의 마음씀을 믿어야 하리.

게송으로 말하노라.

　　부처님이 말씀 없이 방편을 여니
　　사리불이 게송으로 그 뜻 묻기에
　　침묵 속의 근본 뜻을 펼쳐내면서
　　방편 실상 한꺼번에 뒤흔들었네.

譬喻品 讚曰

稚子無知 樂火宅而自娛
치 자 무 지 요 화 택 이 자 오

長者起悲 賜大車而無偏.
장 자 기 비 사 대 거 이 무 편

上根 法說已悟
상 근 법 설 이 오

中根 喩說方知.
중 근 유 설 방 지

正是法無淺深 悟有先後.[1]
정 시 법 무 천 심 오 유 선 후

比如指月擧扇 搖風動樹.
비 여 지 월 거 선 요 풍 동 수

---

1. 중생의 근기는 성문, 연각, 보살로 나누어진다. 여래도 처음엔 삼승을 설해 중생들을 이끈 뒤에 다시 대승으로 제도하여 해탈시킨다. 이는 여래께서 한량 없는 지혜와 두려움이 없는 힘과 모든 법을 갖추고 있으므로 중생에게 모두 대승의 법을 줄 수 있지만, 중생들이 그 법을 다 받을 수 있는 역량이 없기 때문이다. 그러므로 부처님은 방편으로 일불승에서 삼승을 분별하여 설하는 것이다.

3. 불타는 집의 비유를 찬탄하다

어린 아이들이 집에 불난 줄 모르고 노는 데 정신이 팔려 있자, 아버지가 안타까워 장난감을 준다는 방편으로 아이들을 구해 내고 세상에서 제일 좋은 장난감을 상으로 골고루 나누어 주었다.

최상의 근기는 법문을 듣자마자 바로 깨닫지만 중간 근기는 비유를 들어 설명해야 그 뜻을 비로소 알아듣는다.

이것이 바로 법에는 아무런 차별이 없지만 중생의 근기가 달라 깨닫는 데 차이가 있다는 것이다.

이는 하늘의 달을 가리키고자 부채를 들었는데, 바람이 불어 나무를 흔드는 것과 같다.

定當作佛 鶖子[1]歡喜
정당작불 추자 환희

自知授記 四衆讚歎.
자지수기 사중찬탄

快哉 一乘法門. 奇哉 勿妄宣傳.
쾌재 일승법문 기재 물망선전

何故.
하고

入夜風雪政大緊
입야풍설정대긴

滿天星彩月中寒.
만천성채월중한

頌曰
송왈

柱根樑棟半欹斜 烟焰相煎苦莫加
주근량동반의사 연염상전고막가

長者一車超本望 從知火宅是蓮花.
장자일거초본망 종지화택시연화

---

1. 사리불을 사리자 또는 추자라고 부르기도 한다.

언젠가는 성불 하리 이야기 듣고
사리불의 몸과 마음 기쁨이 가득
꽃 빛 여래 될 것이란 사실을 알자
사부대중 모두 함께 찬탄을 하네.

아! 유쾌하구나, 일승一乘의 법문이여
참으로 신기하니, 함부로 떠들지 말지어다.

무엇 때문인가?

　밤이 되니 눈바람이 휘몰아치고
　하늘 별빛 달빛 속에 가슴 시려라.

게송으로 말하노라.

　기둥뿌리 대들보가 타들어가며
　연기 불꽃 자욱하니 엄청난 고통
　아이들을 구해내서 큰 상을 주니
　그 자리가 연꽃인 줄 알게 되었네.

信解品 讚曰

如來震雷音而廣說譬喩
여 래 진 뢰 음 이 광 설 비 유

解空[1] 生柏悅[2] 而自慶歡忭 彈便折小.
해 공 생 백 열 이 자 경 환 변 탄 변 절 소

長者 心心憐憫 引權入實 窮子 念念知歸[3].
장 자 심 심 연 민 인 권 입 실 궁 자 념 념 지 귀

不知一城財寶 浪走四方馳求.
부 지 일 성 재 보 낭 주 사 방 치 구

---

1. 수보리는 부처님이 말씀하신 공의 도리를 깨달아 목숨과도 같은 부처님의 지혜를 이었기에 그를 '혜명慧命' 또는 '해공제일解空第一'이라 부른다.
2. 백열栢悅은 송무백열松茂栢悅을 줄인 말이다. 소나무가 무성하니 잣나무가 기뻐한다는 고사에서 온 말인데, 주변 사람이 잘 되는 것을 좋아한다는 뜻으로 쓰인다.
3. 장자는 여래이고 수보리를 비롯한 보살들은 장자의 아들에 비유되었다. 수보리를 비롯한 보살들이 작은 법에 집착하고 만족하자 부처님께서 그것을 아시고는, 장자의 비유처럼 방편으로 다스려서 큰 지혜를 얻게 하였다.

4. 진실로 믿고 알아야 할 것을 찬탄하다

부처님께서 우렁찬 목소리로 불에 타고 있는 집의 비유를 들어 유창하게 법을 설하자, 수보리가 자신들도 함께 성불할 것을 알고 뛸 듯이 기뻐하며 바로 잘못된 소승의 법을 버렸다.

이를 비유하면 장자가 고생하는 아들을 애틋이 여기는 마음이 가득하여 방편을 써서 그를 참된 원래의 삶으로 이끌자, 가난한 아들은 자기의 실제 삶이 무엇인 줄 정확히 알게 된 것과 같다.

그동안 성안의 모든 재화와 보물이 자기 것인 줄 알지 못하고 쓸데없이 사방으로 쫓아다니며 먹을 것을 찾아다녔던 것이다.

從前辜負佛恩
종 전 고 부 불 은

始覺轉輾難酬
시 각 전 전 난 수

要見難酬之恩麼.
요 견 난 수 지 은 마

粉骨碎身不足酬 一句了然超百億.
분 골 쇄 신 부 족 수 일 구 요 연 초 백 억

頌曰
송 왈

可憐窮子客他鄕 奔走天涯歲月長
가 련 궁 자 객 타 향 분 주 천 애 세 월 장

一入王城尋我父 方知疇昔實承當.
일 입 왕 성 심 아 부 방 지 주 석 실 승 당

예전에 부처님의 은혜를 등지고 살다가 지금 비로소 바른 법
을 만나 부처님의 크신 은혜를 갚기 어렵다는 사실을 깨달았
으니, 갚기 어려운 부처님의 은혜가 얼마나 큰지 알고자 하느
냐?

　　뼈를 갈아 다 바쳐도 그 은혜를 못 갚지만
　　연꽃 법화 한 구절로 그 은혜를 다 갚으리.

게송으로 말하노라.

　　안타깝다 궁한 자식 먹고 살자 버둥대며
　　이리저리 보낸 세월 타향살이 오십여 년
　　고생하다 큰 부자인 아버지를 찾고서야
　　아버지의 모든 재산 제 것인 줄 알았다네.

藥草喩品 讚曰

龍王潤萬物 遍覆一雲 藥草生長稱性.[1]
용왕윤만물 변부일운 약초생장칭성

覺皇示吾性 猶一菴摩[2] 三乘證趣隨機.
각황시오성 유일암마 삼승증취수기

宴坐水月道場 大唱空花佛事[3]
연좌수월도량 대창공화불사

隨力堪任有差 各自隨性不知.
수력감임유차 각자수성부지

信知 純出醍醐[4] 本無醇醨酥酪.[5]
신지 순출제호 본무순리소락

---

1. 법성게에서도 같은 뜻으로 다음과 같이 말한다.
　 우보익생만허공雨寶益生滿虛空 허공 가득 보배 채워 쏟아내리니
　 중생수기득이익衆生隨器得利益 중생들이 근기 따라 이익을 얻네.
2. 암마는 범어 'Amra'를 음역한 것으로 사과와 비슷한 과일이다. 부처님이 눈앞에
　 있는 과일처럼 마음의 바탕을 확실하게 보여주었다는 것을 비유한 것이다.
3. 원순, 『종경 스님 금강경』, 280쪽.
4. 옛날 인도에서 우유로 만드는 제품에 다섯 종류가 있었는데 그중 제호가 품질이
　 뛰어나 맛이 좋고 열병에 특효약으로 쓰였다고 한다. 여기서는 수행자가 한 생
　 각 깨칠 때 얻어지는 부처님의 경계에 비유한다.
5. '순리'는 술을 만드는 과정에서 나오는 진한 맛과 심심한 맛을 말하고, '소락'은
　 소나 양의 젖을 가공하는 과정에서 나오는 우유나 요구르트의 맛을 말한다.

86

5. 크고 작은 약풀에 비유한 방편을 찬탄하다

용왕이 만물을 적시려 하늘 가득 비를 내리니 크고 작은 약초들이 그 비를 맞아 제 모습대로 힘차게 자라난다.

이와 같이 부처님께서 우리의 참 성품을 손안에 있는 과일처럼 확실하게 알고 근기에 맞게 방편을 보여주니, 삼승이 깨달아 들어가는 곳마다 자기 힘이 닿는 만큼 공부가 된다.

> 물속에 뜬 밝은 달빛 그 위에 앉아
> 허공 꽃과 같은 불사 크게 하지만
> 중생들이 감당할 힘 차별 있기에
> 각자 성품 따라가도 참뜻 모르네.

이것으로 순수하게 나오는 제호의 참맛에는 숙성되면서 생기는 군더더기 맛이 본디 없다는 것을 참으로 알 수 있다.

要識無雜種底消息麼.
요 식 무 잡 종 저 소 식 마

打破鏡來無一事 杜鵑啼在落花枝.
타 파 경 래 무 일 사 두 견 제 재 락 화 지

頌曰
송 왈

上根聽了信無疑 中下聞之必自卑
상 근 청 료 신 무 의 중 하 문 지 필 자 비

不是龍王歉大小 上中下草[1] 自成私.
불 시 용 왕 겸 대 소 상 중 하 초 자 성 사

---

1. 상중하초는 중생의 근기를 말한다. 작은 약풀은 인천人天이며, 중근기는 성문,
연각이다. 상근기는 보살이다.

군더더기 맛이 없는 순수한 소식을 알고자 하느냐?

　　깨진 거울 그 속에는 아무것도 없으므로
　　꽃 떨어진 가지에서 두견새가 슬피 우네.

게송으로 말하노라.

　　뛰어난 이 법문 듣고 들은 대로 믿음 갖고
　　뒤떨어진 사람들은 그 내용을 모르지만
　　차별 없이 용왕님이 온 땅 위에 비 뿌리니
　　크고 작은 약풀들이 생긴 대로 혜택 보네.

授記品 讚曰

法性如虛空 豈有高下國土.
법 성 여 허 공   기 유 고 하 국 토

聲聞[1]已圓極果 故授當來大果[2]
성 문 이 원 극 과   고 수 당 래 대 과

自此永不退轉 決定當知作佛.
자 차 영 불 퇴 전   결 정 당 지 작 불

也應花落結果 必有種核傳芳
야 응 화 락 결 과   필 유 종 핵 전 방

宛如飢逢王膳 直循聽敎乃飡.
완 여 기 봉 왕 선   직 순 청 교 내 손

---

1. 성문승은 여래의 법을 듣고 부지런히 정진하여 열반을 구하는 수행자이다. 여래의 법을 믿고 정진하되 홀로 한적한 곳을 즐기며 법의 인연을 깊이 안다면 연각승 또는 벽지불승이라고 한다. 보살승은 여래의 법을 받아 정진하며 이 법으로 한량없는 중생들을 제도하여 해탈시키는 수행자이다. 성문과 연각은 소승이요 보살은 대승이다.

2. 여기서 성문은 가섭, 수보리, 가전연, 목건련을 뜻한다. 부처님은 이들에게 수기를 내려 소승의 허물을 벗고 성불하리라 하셨다. 성문이 작은 법에 안주해 부처님의 큰 법을 두려워하는 것은 마치 걸인이 임금 수라상을 받고 감히 음식을 먹지 못하는 것과 같았다. 임금이 직접 허락을 하니 걸인이 비로소 음식을 먹듯 부처님이 몸소 수기하시니 의심 없이 부처님의 큰 가르침을 받아들일 수 있다.

6. 수기 받는 네 명의 제자를 찬탄하다

허공 같은 법의 성품에
어찌 높고 낮은 국토의 차별이 있겠는가.

성문 이미 오롯하게 공부를 마쳐
다음 생에 성불 할 것 수기 받기에
영원토록 수행에서 안 물러나니
언젠가는 부처님이 될 줄 알아라.

피어난 꽃 떨어지면 열매를 맺고
열매 속에 씨앗 있어 꽃이 피리니
이는 분명 굶주린 이 음식 받듯이
부처님의 가르침을 따라가는 것.

噫 因在果 果是因 懸疎網而不漏.
희 인재과 과시인 현소망이불루

昔作今 前召後 淪浩劫而莫遺.
석작금 전소후 윤호겁이막유

且道 不落因果[1] 還有技倆麼.
차도 불락인과 환유기량마

丈夫自有衝天志 莫向如來行處行.[2]
장부자유충천지 막향여래행처행

頌曰
송왈

現迹聲聞行已純 偶然今識果因眞
현적성문행이순 우연금식과인진

請君栽培桃千樹 直得東風自有春.
청군재배도천수 직득동풍자유춘

---

1. 백장 스님께서 설법할 때마다 한 노인이 와서 듣곤 하였다. 어느 날 노인이 자신은 사람이 아니라 여우라면서 자신이 과보 받은 이야기를 하였다. 그는 옛날에 이 절의 주지였는데 "대수행인은 인과에 떨어집니까, 안 떨어집니까?[大修行底人還落因果也無]"라는 학인의 질문에 "인과에 떨어지지 않느니라.[不落因果]"라고 대답을 하여 오백 생 동안 여우 몸을 받았다고 한다. 노인은 백장 스님께 그때 받은 질문을 다시 하여 "인과에 어둡지 않다.[不昧因果]"라는 가르침을 듣고 그 자리에서 깨달아 여우 몸을 벗었다. '불매不昧'를 '불락不落'이라고 한 글자 잘못 대답하여도 여우의 몸을 받으니, 인과의 엄준함을 알 수 있다.
2. 원순,『종경 스님 금강경』, 170쪽.

92

아! 원인이 결과 속에 있어 결과가 원인이니, 구멍 큰 그물에
매달아 놓아도 이 도리가 조금도 새지 않는다.

옛날이 지금 되고 앞의 것이 뒤의 것을 불러 오니 오랜 세월이
흘러도 조금도 잃어버릴 것이 없다.

한 번 일러 보아라. 인과에 떨어지지 않을 재주와 역량이 있
느냐?

    장부에겐 높은 하늘 찌를 듯한 지혜 있어
    부처님의 길만 따라 다닐 것이 아니더라.

게송으로 말하노라.

    부처님을 보고 듣는 성문 공부 무르익어
    우연찮게 지금 인과 참된 뜻을 알게 되듯
    그대들은 일천 그루 복숭아를 심어 보소
    바로 동쪽 훈풍 있어 제 스스로 봄날 되리.

化城喻品 讚曰

一乘微妙法 無二亦無三 假名二地以休息.
일 승 미 묘 법 무 이 역 무 삼 가 명 이 지 이 휴 식

一眞珍寶所 無遠亦無阻 權立化城[1]以安穩.
일 진 진 보 소 무 원 역 무 조 권 립 화 성 이 안 온

向來譬喻諄諄 胡乃狐疑未了.
향 래 비 유 순 순 호 내 호 의 미 료

1.『연꽃법화경』'화성유품'에 보면 부처님께서 방편으로 허깨비 같은 성을 만들
어 중생들을 쉬게 한 뒤 사라지게 했다는 비유가 나온다. '화성化城'은 실제로
존재하지 않는 아지랑이와 같은 성을 말하는데 성문, 연각의 깨달음에 비유한
것이다.『연꽃법화경』에서 다음과 같이 말한다.
"부처는 졸렬하고 약한 이 마음을 알고 중도에서 쉬도록 방편으로 성문과 연각
의 열반을 설한다. 중생들이 성문과 연각의 두 경계에 머물면 여래는 그때 그들
을 위하여 '그대들이 성취한 것은 아직 공부가 다 마무리 된 것이 아니다. 그대들
이 머물러 있는 경지는 부처의 지혜에 가깝다. 그러나 그대들의 열반은 진실이
아니라는 것을 잘 헤아려 보아야 한다. 다만 여래가 방편으로 일불승에서 삼승
을 분별하여 설한 것이다.'고 말한다. 이는 마치 길을 안내하는 스승이 따라오는
사람들의 피로를 풀기 위하여 큰 성을 방편으로 만들었다가 그들의 피로가 다
풀리면 말하기를 '보물은 가까이 있다. 이 성은 진짜가 아니다. 내가 방편으로
만들었다.'고 말한 내용과 같다." 원순,『연꽃법화경』, 179쪽~180쪽.

7. 아지랑이 큰 성 만든 것을 찬탄하다

미묘한 법 일승에는 이승도 없고 삼승도 없지만
임시로 이승과 삼승의 방편을 마련하여 쉬어가게 하였다.

진짜 보배가 있는 곳으로 갈 때
멀 것도 없고 길을 막을 것도 없지만
방편으로 거짓 성을 만들어 편안히 쉬어가게 하였다.

이렇듯 비유가 알뜰했는데도 어찌 의심을 풀지 못하는가?

哀愍小果之取證 歷陳夙昔之因緣
애민소과지취증 역진숙석지인연

是知佛慧 難解難信 任他小乘 漸敎漸入.
시지불혜 난해난신 임타소승 점교점입

若了大城之是化 方覺寶所之非眞
약료대성지시화 방각보소지비진

然則 畢竟以何爲證.
연즉 필경이하위증

無影樹頭花爛漫
무영수두화란만

從他採獻法中王.[1]
종타채헌법중왕

頌曰
송왈

故鄕遼夐隔邊陲 水濶山遙路轉差
고향요형격변수 수활산요노전차

會得導師權化處 方知寶所不曾移.
회득도사권화처 방지보소부증이

---

1. 원순, 『종경 스님 금강경』, 58쪽.

소승의 깨달음을 얻은 것에 만족함을 불쌍히 여겨 옛 인연을 일러 주는 것이니, 이것으로 부처님의 지혜는 알고 믿기 어려우므로 소승이 차츰 배워 깨달아 나가도록 한 줄 알아야 한다.

만약 큰 성이 거짓으로 만든 것인 줄 알았다면 바야흐로 보물 있는 곳이 참 진리가 아닌 줄 깨닫게 되니, 그렇다면 결국 무엇으로 참 진리를 증득할 것인가?

　　그림자가 없는 나무 아름다운 꽃이 만발
　　그 꽃들을 가득 안고 부처님께 바칠지니……

게송으로 말하노라.

　　고향 길이 멀고 멀어 까마득하니
　　물은 깊고 산이 높아 갈 길 험한데
　　길라잡이 길 안내를 받고 나서야
　　나 있는 곳 고향인 줄 비로소 아네.

五百弟子授記品 讚曰

頻伽[1]音調御[2] 曾與一乘授記.
빈가 음조어 증여일승수기

臊陀觜滿慈 獨標五百居先 內秘外現 位當聲聞.
조타자만자 독표오백거선 내비외현 위당성문

過現未來 常宣正法
과현미래 상선정법

周知國土莊嚴 成就無邊功德.
주지국토장엄 성취무변공덕

從玆五百授記
종자오백수기

皆同一號普明.
개동일호보명

---

1. 빈가頻伽는 가릉빈가라는 상상의 새로 극락정토에 있다고 하여 극락조라 칭한
   다. 미묘하고 아름다운 소리를 내어 묘음조라 부르기도 한다.
2. 부처님 공덕에 따라 부처님의 명호를 열 가지로 나누어 부르는 것을 '여래십호'
   라고 한다. 조어調御는 그중 하나로 조어장부調御丈夫라고도 하는데 모든 중생
   을 잘 다스리시는 분이라는 뜻이다.

8. 오백 아라한이 수기 받는 기쁨을 찬탄하다

아름답고 오롯한 소리를 내는 부처님께서 법을 잘 설하는 부루나존자에게 일승의 수기를 주었다. 존자는 오백 제자 가운데 으뜸이 되어 보살의 마음으로 중생을 교화하지만 스스로 성문의 모습을 지니었다.

부루나존자는 과거 현재 미래에 늘 바른 법을 펼치며, 부처님 국토의 아름다운 모습을 두루 알고, 헤아릴 수 없이 많은 공덕을 성취한 분이다.

이를 시작으로 부처님께서 오백 제자에게 모두 똑같은 명호를 내려 수기하니, 이들을 '법에 두루 밝은 여래[普明如來]'라고 하였다.

却嗟 衣珠之未認 謾走他方而自足.[1]
각차 의주지미인 만주타방이자족

若非導師之哀愍
약비도사지애민

何當劣獸之渡河.
하당열수지도하

雖是奔波異轍 共合渡頭不殊.
수시분파이철 공합도두불수

如何是不殊底道理.
여하시불수저도리

何耨池中一派來 四海魚龍以爲命.
아뇩지중일파래 사해어룡이위명

頌曰
송왈

不知衣裏裹明珠 奔走他鄉歲月逾
부지의리과명주 분주타향세월유

今夕鷲峯逢故友 依然杲日出東隅.
금석취봉봉고우 의연고일출동우

---

1. 이는『연꽃법화경』의 오백제자수기품에 나오는 비유이다. 세존께서 오랜 세월
  중생들을 교화하여 부처 원력을 심게 했으나 중생들이 지혜가 없어 모르다가
  부처님의 수기를 받고 기뻐하니, 이는 마치 가난한 사람이 친구가 옷 속에 구슬
  을 넣어 준 줄 모르고 고생을 하다가 뒷날 보배 구슬을 발견한 것과 같다.

아! 옷 속에 값진 보배 구슬이 있는 줄 모르고 이리저리 고생하며 떠돌아 다녔구나.

부처님의 애틋한 보살핌이 없다면 어찌 짐승같이 하찮은 이 삶에서 벗어날 수 있겠는가.

험한 삶을 살며 깨달음으로 가는 길이 모두 다를지라도, 모두 함께 깨달음에 도달한 그 자리는 다를 것이 없다.

깨달음이 어찌 다르지 않다 하는가?

　　깨달음의 연못에서 흘러나온 한 줄기 물
　　동서남북 모든 바다 고기들의 생명이라.

게송으로 말하노라.

　　몸에 지닌 밝은 구슬 알지 못하여
　　이리저리 떠돈 세월 참으로 긴데
　　오늘 저녁 깨달음에 옛 벗을 보니
　　변함없이 아침 해는 동쪽에 뜨네.

授學無學人記品 讚曰

妙音 如毒鼓[1] 聞聲 津却喪命.
묘 음 여 독 고 문 성 진 각 상 명

佛法 如好堅[2] 出家 均是沒量.
불 법 여 호 견 출 가 균 시 몰 량

阿難羅云緣重故
아 난 라 운 연 중 고

侍者長子 欲傳諸佛之法藏 權現密行而多聞.
시 자 장 자 욕 전 제 불 지 법 장 권 현 밀 행 이 다 문

---

1. 독을 바른 북인데 그 북소리로 견해가 삿된 사람을 죽일 수도 있다. 독고는 그 북소리로 삿된 법을 깨뜨리고 중생의 번뇌를 없애 부처님의 세상으로 들어가게 하는 법이다.
2. 세존께서 사위성 기원정사에 있을 때 호견이라는 나무가 있었다. 호견은 땅 위로 나오기 전 백 년이라는 긴 세월을 땅 속에 있으면서도 가지와 잎이 무성하게 자라나는 나무다. 호견은 땅 위로 나오자마자 하루 만에 일천 자나 되는 거목이 되었다. 지상에 나온 지 하루밖에 되지 않아 의지할 만한 나무를 찾았지만 찾을 수가 없었다. 부처님도 이와 같다. 헤아릴 수 없이 많은 세월을 보살행으로 온갖 공덕을 쌓아놓고 이 세상에 나타나 잠시 동안 보리수 아래에서 선정에 들어가 깨달음을 얻으신 분이다. 깨달음을 얻으신 뒤 이 세상 어디에도 부처님께서 스승으로 삼을 만한 사람이 없었다. 부처님은 이미 세상에서 가장 존귀한 스승 '세존'이었기 때문이다.

9. 도 닦는 이와 다 닦은 이의 수기를 찬탄하다

오묘한 부처님의 법문은 번뇌를 없애는 독이 서린 북소리와 같아서 듣는 이들의 온갖 고통이 사라진다.

부처님의 법은 호견수처럼 너무나 뛰어난 법이 세상에 나타난 것과 같아 그 깊이를 다 헤아릴 수 없다.

아난과 라후라의 인연이 귀중했으므로 부처님의 시봉이 되고 부처님의 아들이 되어, 모든 부처님의 법을 퍼뜨리고자 방편으로 다문多聞과 밀행密行을 드러내었다.

多聞第一國名 常立勝幡
다 문 제 일 국 명 상 립 승 번

密行無上佛號 足踏寶華.
밀 행 무 상 불 호 족 답 보 화

二千次第作佛 同受一名寶相
이 천 차 제 작 불 동 수 일 명 보 상

信知梅杏各異 也應斡化無私.
신 지 매 행 각 이 야 응 알 화 무 사

旣是無私 爲甚有差別.
기 시 무 사 위 삼 유 차 별

猿抱子歸青嶂外 鳥唧花落碧巖前.[1]
원 포 자 귀 청 장 외 조 함 화 락 벽 암 전

頌曰
송 왈

三周妙法隨根說 特地春風無短長
삼 주 묘 법 수 근 설 특 지 춘 풍 무 단 장

看取晚枝猶帶露 徒敎萬里盡馨香.
간 취 만 지 유 대 로 도 교 만 리 진 형 향

---

1. 당나라 때 협산선회夾山善會(805-881) 스님이 남긴 게송이다. 어떤 스님이 "어떤
   것이 협산夾山의 풍광입니까?"라고 묻자, 이 게송으로 답하였다.

아난이 성불할 나라 이름은 ‘늘 승리의 깃발을 세운 나라[常立勝幡國]’이고, 라후라가 성불하여 가질 이름은 ‘칠보 연꽃을 밟는 부처님[踏七寶華如來]’이다.

이천 명의 제자들이 차례로 부처님이 되어 똑같이 ‘보배로운 모습을 가진 여래’라고 명호를 받으니, 참으로 매화와 살구나무가 저마다 모습이 달라도 가지에 꽃과 이파리를 피움에 사사로운 정이 없음을 알겠다.

이미 사사로운 정이 없는데 여기에 무슨 차별이 있겠는가.

    원숭이가 새끼 안고 산봉우리 돌아가고
    새는 꽃을 물어 푸른 바위 앞에 떨구도다.

게송으로 말하노라.

    법과 비유 인연설로 중생 근기 따라가도
    유달리도 봄바람은 차별 없이 산들산들
    한밤중에 찬 이슬이 맺힌 가지 잡아 보니
    온 누리에 좋은 향기 스며들어 진동 하네.

法師品 讚日

欲闡覺皇之秘典 撈摝羣生 正在法師之弘宣.
욕 천 각 황 지 비 전 노 록 군 생 정 재 법 사 지 홍 선

激揚濁世 要以慈忍爲衣室 亦以法空爲敷座 方可名爲
격 양 탁 세 요 이 자 인 위 의 실 역 이 법 공 위 부 좌 방 가 명 위

菩薩.
보 살

卽能宣揚大事
즉 능 선 양 대 사

在在處處 雖無舍利靈牙 言言句句 皆是繪縵[1]寶塔.
재 재 처 처 수 무 사 리 영 아 언 언 구 구 개 시 회 만 보 탑

搖塵演說之側 遣化人以來護 稽顙隨喜之人 知證果之
요 진 연 설 지 측 견 화 인 이 래 호 계 상 수 희 지 인 지 증 과 지

因圓.
인 원

---

1. 만다라는 범어 'Mandala'의 음역으로, '신주' '비밀주' '다라니' '진언'이라고도
한다. 이 주문 안에는 모든 불보살이 사바세계 온 중생을 제도하겠다는 원력이
담겨 있는 심오하고 비밀스러운 뜻이 숨어 있으므로 주문을 정성껏 외움으로써
중생은 많은 장애를 제거하여 성불할 수 있고 뜻하고 원하는 바를 성취할 수
있다.

10. 가르침을 전하는 법사를 찬탄하다

비밀스런 부처님의 가르침을 드러내어 모든 중생을 제도하는 길은 바로 법사가 법을 펴는 데 있다.

어지러운 세상을 바꾸려면 자비와 인욕으로 집과 옷을 삼아야 하고, 또한 어떤 것에도 집착이 없이 텅 빈 마음이어야 이를 보살이라 할 수 있다.

바로 부처님의 일을 치러낼 수 있으므로, 이곳저곳 머무는 데마다 부처님의 사리나 신령스러운 어금니가 없더라도, 그분이 하는 모든 말씀과 글귀가 모두 만다라요 보배 탑이다.

부처님은 신장을 보내 당당하게 연설하는 그분을 옆에서 보호하게 하고, 그분께 머리를 조아려 예배하고 기쁘게 귀의하는 이에게는 인과의 실상을 알게 한다.

雖然如是 金剛經云 說法者 無法可說 是名說法
수연여시 금강경운 설법자 무법가설 시명설법

這間還有恭敬讚歎分也無. 咄.
저간환유공경찬탄분야무 돌

烏鷄冒雪衝陽焰
오계모설충양염

亦蝀穿樓和啞音.
역동천루화아음

頌曰
송 왈

鳳啣丹詔御樓前 萬戶千門盡妙傳
봉함단조어루전 만호천문진묘전

一法圓該無遠近 方知帝力未能宣.
일법원해무원근 방지제력미능선

雖然如是 金剛經云 說法者 無法可說 是名說法

108

이렇다 해도 『금강경』에서 "법을 설하는 사람이 설할 수 있
는 법이 없어야 법을 설한다고 할 만하다."라고 하였으니, 여
기에 법사를 공경하고 찬탄할 몫이 있겠느냐.
자, 알겠느냐.

　　검은 닭이 눈을 터니 하얀 빛이 반짝반짝
　　높은 누각 무지개에 까마귀가 까악-까악.

게송으로 말하노라.

　　궁전 앞의 봉황새가 임금 명령 받아들자
　　온 천하의 모든 사람 빠짐없이 그 뜻 아나
　　법 하나로 오롯하게 온갖 법을 싸안으니
　　왕의 힘도 이 법에는 미치지를 못하도다.

見寶塔品 讚曰

釋迦說三周授記已圓
석 가 설 삼 주 수 기 이 원

多寶現全身湧出半空 讚言 善哉善哉 復道 如是如是.[1]
다 보 현 전 신 용 출 반 공 찬 언 선 재 선 재 부 도 여 시 여 시

先證後悟 皆由夙昔本願 變士移人 盡是願力神通.
선 증 후 오 개 유 숙 석 본 원 변 사 이 인 진 시 원 력 신 통

集化佛以問訊[2] 開寶鑰而相看 色身不散 四衆歎而散
집 화 불 이 문 신 　 개 보 약 이 상 간 　 색 신 불 산 　 사 중 탄 이 산

花.
화

分座分坐 三世現而融會.
분 좌 분 좌 　 삼 세 현 이 융 회

---

1. 다보여래는 다음과 같이 찬탄하였다. "거룩하고 거룩하십니다, 석가모니 세존
이시여. 차별 없이 평등한 큰 지혜로 보살을 가르칠 수 있는 법으로서 부처님이
지키고 보호하는 연꽃법화경을 대중들을 위하여 설하시니, 이처럼 석가모니
세존께서 설한 법은 모두 진실입니다." 원순, 『연꽃법화경』, 222쪽.
2. 다보 부처님께는 "내 보배 탑이 연꽃법화경을 듣기 위하여 모든 부처님 앞에
솟아날 때 내 몸을 사부대중에게 보이고자 하는 마음이 있다면, 연꽃법화경을
설하는 부처님의 분신으로서 시방세계에서 법을 설하고 있는 모든 부처님을
다 한 곳에 모이게 한 뒤에야 내 몸을 드러내리라."는 깊은 원력이 있었다. 원순,
『연꽃법화경』, 223쪽.

110

11. 다보여래 보배 탑을 찬탄하다

석가모니 부처님께서 법과 비유와 인연법을 두루 설하며 빠짐없이 수기를 주니, 다보여래께서 허공에 온몸을 드러내어 "거룩하고 거룩하십니다."라고 하고, 다시 "참으로 그러합니다."라고 찬탄하였다.

먼저든 나중이든 상관없이 이들은 모두 예전부터 지닌 본디 원력으로 말미암아 깨달았고, 대중들은 원력과 신통으로 다른 국토에서 오거나 몸을 바꾸어 법회에 참석하였다.

화신불이 모두 모인 자리에서 다보여래께 안부를 묻고 보배 빗장을 열어 보니, 다보여래의 몸이 천만억겁 오래전에 열반하기 전과 똑같으므로 사부대중은 기쁜 마음으로 다보여래를 찬탄하며 꽃을 뿌렸다.

다보여래께서 앉아 계신 자리를 절반 내주어 석가모니 부처님과 함께 앉으니 과거 현재 미래가 한자리에 녹아 있었다.

今不生 昔不滅 從知處處作證.
금 불 생 석 불 멸 종 지 처 처 작 증

古猶今 今是昔 欲令世世流通.
고 유 금 금 시 석 욕 령 세 세 유 통

伊麼則 秖今還有說聽也無.
이 마 즉 지 금 환 유 설 청 야 무

龍帶晚雲歸洞府
용 대 만 운 귀 동 부

鴈扡秋色過衡陽.
안 타 추 색 과 형 양

頌曰
송 왈

寶塔開來萬法融
보 탑 개 래 만 법 융

頭頭物物盡圓通
두 두 물 물 진 원 통

現前說聽全身在 看取松杉十里風.
현 전 설 청 전 신 재 간 취 송 삼 십 리 풍

112

이는 새로 생긴 것도 아니요, 옛적에 사라진 것도 아니다. 그러므로 가는 곳 어디서나 증득하는 것인 줄 알겠다.

옛날이 지금이요 지금이 옛날이니 세세생생 이 법을 전할 것이다. 그렇다면 지금 이 자리에 말하는 자와 듣는 자가 있겠느냐, 없겠느냐?

　　저녁놀에 청룡 황룡 보금자리 돌아가고
　　가을빛에 기러기가 형양으로 날아가네.

게송으로 말하노라.

　　보배 탑의 문을 여니 온갖 법이 하나 되어
　　삼라만상 모든 법에 오롯하게 통하므로
　　말하는 이 듣는 사람 온 몸에서 다 드러나
　　소나무와 삼나무 숲 바람소리 다 보았네.

提婆達多品 讚曰

妙法圓融 盡令含識 依歸一源淸淨.
묘법원융 진령함식 의귀일원청정

本無衆生順逆 不見達多[1] 授記 又不見龍女成佛.
본무중생순역 불견달다 수기 우불견용녀성불

竪窮過去 善惡都歸一握 橫遍當時 男女本自圓成.
수궁과거 선악도귀일악 횡변당시 남여본자원성

身爲床座 只緣妙法無厭
신위상좌 지연묘법무염

獻以寶珠 任他眞心無礙.
헌이보주 임타진심무애

---

1. 제바달다는 부처님의 사촌 동생으로 부처님을 시기하여 부처님을 해치려다 뜻을 이루지 못하고 죽었다고 알려졌다. 그러나 『연꽃법화경』에서 부처님은 전생에 제바달다에게 가르침을 받고 성불했다고 하면서 제바달다에게 수기를 준다. 또 『연꽃법화경』 법회에 모인 대중이 여인은 성불할 수 없다고 하자 어린 용녀는 신통력으로 남자의 몸으로 변해 보살행을 갖추고 등정각을 이루는 모습을 보여주었다.

12. 부처님의 전생 스승 제바달다를 찬탄하다

미묘한 법이 오롯하여 빠짐없이 모든 중생들로 하여금 맑고 깨끗한 하나의 근원으로 돌아가게 하였다. 본디 이 자리에는 중생들이 법을 따른다거나 거스를 것이 없어 제바달다의 수기도 보지 않고, 또 용녀의 성불도 보지 않는다.

시간으로 보면 과거의 좋고 나쁜 모든 일들이 다 한 손아귀 안에 들어 있고, 공간으로 치면 그 자리에 두루 남녀의 구분 없이 본디 오롯하게 성불하여 있다.

그 몸 자체가 부처님의 자리가 된 것은 다만 미묘한 법을 인연하여 싫어하는 마음이 없었을 뿐이며, 용녀가 보배 구슬을 부처님께 올린 것은 부처님의 참마음에 걸림이 없었기 때문이다.

故 今授記作佛 而且刹那圓證.
고 금수기작불 이차찰나원증

因果歷然 更無差別 讚歎妙法 功不唐捐.
인과역연 갱무차별 찬탄묘법 공불당연

雖然如是 梵仙所說 文殊所化 有什麽奇特.
수연여시 범선소설 문수소화 유삼마기특

鬧市騎來人不識
요시기래인불식

擡眸鷄子過新羅.
대모계자과신라

頌曰
송왈

達多親授靈山記
달다친수영산기

龍女親傳大海宣
용녀친전대해선

善惡尊卑不須說 杲杲白日正當天.
선악존비불수설 고고백일정당천

116

그러므로 지금 부처님이 될 것이라 수기하고 찰나에 오롯하게 깨달음을 얻는다.

인과가 분명하여 차별이 없고 묘법을 찬탄하니 그 공이 헛되지 않다.

비록 이러하더라도 부처님이 말씀하신 것과 문수보살의 가르침에 어떤 기이하고 특이한 점이 있겠는가.

　　장터에선 말을 타도 다른 사람 모르지만
　　눈동자를 치켜뜬 닭 그물 닭장 벗어나네.

게송으로 말하노라.

　　제바달다 영산회상 수기를 받고
　　어린 용녀 보배 구슬 깨달음이라
　　선이나 악 높고 낮음 말하지 말라
　　하늘 높이 밝고 밝은 빛나는 태양.

勸持品 讚曰

昔人 已重道輕生 信妙法而專專.
석인 이중도경생 신묘법이전전

今人 應密助顯揚 持妙法而拳拳.
금인 응밀조현양 지묘법이권권

是故 藥王[1] 與二萬大士 以慈忍而誓弘此土
시고 약왕 여이만대사 이자인이서홍차토

五百[2] 並六千聖尼[3] 援新記而轉化他方.
오백 병육천성니 원신기이전화타방

復回青蓮之眼 黙許師子之音[4] 古今始終相傳 善惡逆
복회청련지안 묵허사자지음 고금시종상전 선악역

順擁護.
순옹호

---

1. 약왕보살은 항상 자비로운 마음의 약으로 모든 중생들의 업을 치료하여 즐거움
   을 주는 보살이다. 아우 약상보살과 함께 중생의 병을 고치기로 유명하다.
2. 아라한은 범어 'arhan'의 음역인데, 응공應供, 살적殺賊, 불생不生, 이악離惡 등의
   뜻이 있다.
3. 부처님의 이모 마하파사파제와 라후라의 어머니 야수다라를 비롯한 6천명의
   비구니가 수기를 받고 『연꽃법화경』을 널리 설파할 것을 다짐하였다.
4. 사자의 소리는 부처님의 설법에 삿된 마구니와 외도들이 굴복하는 것이 마치
   사자가 울부짖으면 온갖 짐승이 굴복하는 것과 같다는 것을 비유한 것이다.

13. 수지독송 권한 것을 찬탄하다

옛 사람들은 하찮은 삶보다 도를 중하게 여겨 묘법을 믿고 믿었을 뿐이다. 그러므로 지금 사람들도 묘법을 은밀히 드러내고 이를 간절한 마음으로 지녀야 한다.

이 때문에 약왕보살과 2만 보살이 자비와 인욕으로 이 국토가 잘 되기를 바라는 원을 세웠고, 5백 아라한과 성스러운 비구니 6천명이 새롭게 수기를 받아 다른 세계를 교화하여 나갔다.

부처님의 안목으로 돌아가 묵묵히 사자의 소리를 받아들이면서 옛날이나 지금이나 처음부터 끝까지 서로 이 법을 전하였고, 선善과 악惡, 역逆과 순順의 경계에서도 서로 감싸고 보호하였다.

偉哉 大士弘願.
위 재 대 사 홍 원

至哉 碎身難酬.
지 재 쇄 신 난 수

卽今莫有知恩報恩者麼.
즉 금 막 유 지 은 보 은 자 마

朝朝鷄向五更啼 春來處處山花秀.[1]
조 조 계 향 오 경 제 춘 래 처 처 산 화 수

頌曰
송 왈

雲捲秋空月印潭 何須特地說喃喃
운 권 추 공 월 인 담 하 수 특 지 설 남 남

至今宣化何曾問 花似絉羅水似藍.
지 금 선 화 하 증 문 화 사 환 라 수 사 람

重道輕生不愛身
중 도 경 생 불 애 신

卽今似續是何人
즉 금 사 속 시 하 인

會中三乘持當世 銘骨如何報此恩.
회 중 삼 승 지 당 세 명 골 여 하 보 차 은

---

1. 원순, 『야부 스님 금강경』 도서출판 법공양, 2011년, 314쪽.

거룩하도다! 보살의 큰 서원이여. 지극하도다! 이 몸이 가루
가 된들 어찌 그 은혜를 다 갚을 수 있을 것이냐. 곧 지금 이
자리에서 은혜를 알고 그 은혜를 갚을 사람은 없느냐?

　　매일 매일 동네 닭들 새벽에 울고
　　봄이 오면 산에 들에 아름다운 꽃.

게송으로 말하노라.

　　구름 걷힌 가을 호수 밝은 달이 비치는데
　　재잘대며 입 놀릴 게 뭐가 그리 있겠느냐
　　지금까지 편 교화를 물은 적이 있었던가
　　비단 같은 꽃잎들과 쪽빛 같은 푸른 물결.

　　하찮은 몸 벗어던져 부처님 도 떠받들며
　　계속하여 지금까지 공부한 이 누구더냐
　　성문 연각 보살들이 이 법들을 지녔으니
　　부처님의 크신 은혜 어느 날에 갚을 건가.

安樂行品 讚曰

佛愍五濁衆生 宣說四法正行[1] 燦燦 瓔珞之珠 颯颯 清
불민오탁중생 선설사법정행 찬찬 영락지주 삽삽 청

凉之風.
량지풍

欲作苦海船筏 可乏大道資粮.[2]
욕작고해선벌 가핍대도지량

所謂 身能攝護 遠離惱亂 口必防閒 要說正法
소위 신능섭호 원리뇌란 구필방한 요설정법

一心平等 無諸謟曲. 三業安閒 可持妙典.
일심평등 무제도곡 삼업안한 가지묘전

此是初心儀軌 應須仔細點檢.
차시초심의궤 응수자세점검

---

1. 사법정행은 『연꽃 법화경』 안락행품에서 설한 네 가지 바른 행법으로 다음과
   같다. 첫째, 몸은 있을 곳에 있어야 편하고 즐겁다. 둘째, 말을 조심해야 편하고
   즐겁다. 셋째, 마음을 잘 써야 편하고 즐겁다. 넷째, 올바른 서원을 세워야 편하고
   즐겁다.
2. 자량은 일반적으로 식량을 뜻하지만, 여기서는 비유로 뒷날 공부하는 복덕을
   갖추기 위하여 부처님께 공양하며 쌓아 놓은 복덕을 뜻한다.

14. 네 가지 바른 행법을 찬탄하다

부처님께서 탁한 세상의 중생들을 어여삐 여겨 네 가지 바른 행법을 말씀하시니, 이는 찬란하게 빛나는 보배 구슬이요 찌는 듯한 더위에 부는 시원한 바람이다.

거친 바다의 배와 뗏목이 되고자 하는데 가는 길에 쓰일 양식을 모자라게 할 것이냐.

이른바 몸을 잘 다스려 어지러운 일을 멀리하고, 입을 조심하여 바른 법만 말할 것이며, 평등한 마음을 지니어 아첨하거나 어떤 사실을 왜곡하는 일이 없어야 한다.

몸과 말과 뜻이 편안해야 부처님의 미묘한 말씀을 지녔다 할 것이다.

이것이 처음 도 닦을 마음을 낸 이들이 지켜야 할 길이니 자세히 살피고 점검해야 할 것이다.

況此蓮經一部 勝於輪王髻珠[1]
황 차 연 경 일 부 승 어 윤 왕 계 주

宜尒裏誠全荷 當見夢裏毫光.
의 이 과 성 전 하 당 견 몽 리 호 광

要知四安樂三業精修 流通末世 不爲物挫底消息麽.
요 지 사 안 락 삼 업 정 수 유 통 말 세 불 위 물 좌 저 소 식 마

聞道五湖風浪急
문 도 오 호 풍 랑 급

未聞沈却濟人舟.
미 문 침 각 제 인 주

頌曰
송 왈

持經濁世甚爲難 四法徧弘乃可安
지 경 탁 세 심 위 난 사 법 변 홍 내 가 안

悲智雙修全荷擔 縱橫出入太無端.
비 지 쌍 수 전 하 담 종 횡 출 입 태 무 단

---

1. 전륜성왕은 머릿속에 단 하나의 보배구슬이 있어 오직 큰 공을 세운 사람에게만
줄 수 있다. 이 보배구슬보다 『연꽃법화경』이 더 귀하니 이 경은 최고의 법문으
로 모든 경전 가운데 그 뜻이 으뜸이기 때문이다.

이 『연꽃법화경』의 한 구절조차도 전륜성왕의 머리에 있는 보배구슬보다 더 값지다고 비유하니, 그대들은 정성껏 받아들여 꿈속의 흰 터럭 광명을 보아야 한다.

네 가지 편안하고 즐거운 행을 열심히 닦는 수행을 말세에 유통시켜 번뇌로 좌절하지 않는 소식을 알고자 하는가?

사바세계 바람 물결 거칠다고 들었지만
중생들을 제도하는 반야선은 끄떡없네.

게송으로 말하노라.

연꽃 법화 만나보기 어려운 세상
네 가지 법 두루 펴야 편안한 마음
지혜 자비 함께 닦아 중생을 위해
자유롭게 험한 세상 드나든다네.

從地湧出品 讚曰

如來 止 他方菩薩 將現化迹
여래 지 타방보살 장현화적

菩薩 從下界湧出 大闡神通
보살 종하계용출 대천신통

唱導而指虛空 衆會如雲.
창도이지허공 중회여운

讚歎而住一面 多劫半日至.
찬탄이주일면 다겁반일지

若從容問訊[1] 大衆驚疑
약종용문신 대중경의

威儀挺特 佛智難思.
위의정특 불지난사

---

1. "땅속에서 솟은 보살들을 대표하여 문안 인사를 드리는 큰 보살님 네 분의 이름
은 으뜸가는 보살행, 끝이 없는 보살행, 맑고 맑은 보살행, 편안한 보살행이었
다." 원순, 『연꽃법화경』, 277쪽.

15. 땅에서 솟아나온 보살들을 찬탄하다

다른 국토에서 온 보살들이 사바세계 중생들을 제도하겠다고 청하자 부처님께서는 허락하지 않으셨다. 그러자 이 경을 설할 수많은 보살들이 땅속에서 솟아오르니 부처님의 큰 신통이었다. 이 신통력으로 수많은 보살들이 허공에 구름처럼 모여들었다.

이 보살들이 곁에서 부처님을 찬탄하는 세월이 50겁이나 흘렀지만 부처님의 신통으로 사부대중은 반나절로 생각하였다.

땅속에서 솟은 보살 그 가운데 큰 보살님 네 분이 부처님께 편안하게 문안 인사를 드리자, 대중들은 그 모습을 이해하지 못하여 크게 놀랐다.

땅속에서 솟은 보살들의 위의는 뛰어났고, 부처님의 큰 지혜는 헤아리기 어려웠다.

雖出釋宮不遠
수 출 석 궁 불 원

所化弟子難筭.
소 화 제 자 난 산

所以補處生迷 世人難信.
소 이 보 처 생 미 세 인 난 신

此如壯人指老爲子 未免 當來 謂佛爲妄 奈爲如此.
차 여 장 인 지 로 위 자 미 면 당 래 위 불 위 망 내 위 여 차

石火一揮天外去
석 화 일 휘 천 외 거

癡人猶望月邊星.[1]
치 인 유 망 월 변 성

頌曰
송 왈

寂場少父顔如玉 寂場老兒髮如雪
적 장 소 부 안 여 옥 적 장 노 아 발 여 설

出處不遠化彌多 知誰仙鼎還丹藥.[2]
출 처 불 원 화 미 다 지 수 선 정 환 단 약

---

1. 원순,『종경 스님 금강경』, 236쪽.
2. 신선이 되기 위하여 먹는 약을 말한다.

128

그 이유는 석가모니 부처님께서 출가한 지 얼마 되지 않았는데도 교화된 제자들이 셀 수 없이 많았기 때문이다.

그러기에 미륵보살이 의아하게 생각하고 세상 사람들은 믿기가 어려웠다.

이는 젊은 사람이 늙은이를 가리켜 아들이라 말하는 것과 같아 장차 부처님을 거짓말하는 사람이라 할 것이니, 어찌하여 이처럼 되는가?

　　번쩍하는 별똥 빛이 하늘 밖을 지났는데
　　어리석은 사람들은 달빛 근처 별을 보네.

게송으로 말하노라.

　　적멸도량 어린 아비 그 얼굴이 옥 같은데
　　적멸도량 늙은 아이 머리털은 새하얗다
　　도 이룬 지 금방인데 제자들이 많고 많아
　　신선 솥의 환단약이 뉘 것인지 알겠는가.

如來壽量品 讚曰

淨法界身 本無出沒 大悲願力 示有去來.
정법계신 본무출몰 대비원력 시유거래

欲識如來壽量 假饒塵墨難喩.
욕식여래수량 가요진묵난유

續然燈[1] 證菩提 平地蒼波
속연등 증보리 평지창파

降王宮入涅槃 老婆黃葉[2].
강왕궁입열반 노파황엽

非生現生 萬水蟾光 非滅現滅 天心日月.
비생현생 만수섬광 비멸현멸 천심일월

---

1. 선혜선인이었던 석가모니가 연등불을 만나 수기를 받았다고 알려져 있다. 그러나 『연꽃법화경』에서는 석가모니 부처님이 성불한 것은 백천만억 나유타 아승지겁보다 더 오래되었으며 그 사이에 연등불에게도 법을 설하였다고 한다. 부처님은 중생을 가르쳐 도에 들게 하고자 방편으로 젊어서 출가하고 열반에 든다고 말하기도 하였다.
2. 누런 버드나무 잎을 우는 아이에게 돈이라고 하여 아기의 울음을 그치게 하는 것처럼 부처님께서 방편으로 설한 가르침은 중생의 윤회를 그치게 한다.

16. 영원한 여래의 삶을 찬탄하다

맑은 법계의 몸은 본디 생사가 없으나 자비로운 큰 원력으로
오고 감을 보여준다.

여래의 삶이 얼마인지 알고 싶어도 그 수명이 너무나 길어 글
과 말로 다 표현할 수가 없다.

석가모니 부처님이 연등불을 이어 깨달음을 증득했다는 것
은 평지에서 물결이 이는 것과 같고, 왕궁에 태어나고 열반
에 들어갔다는 소리는 우는 아이를 할머니가 달래는 소리와
같다.

태어날 곳 아닌데도 태어난 것은
일만 강물 속에 뜨는 달빛과 같고
열반할 게 아닌데도 열반한 것은
허공 속에 해와 달이 떠 있는 모습.

權爲衆生 說法示滅 宛如醫師 留藥告去[1]
권위중생 설법시멸 완여의사 유약고거

伊麽則 古佛現在 奈何不見.
이마즉 고불현재 내하불견

不離當處常湛然
불리당처상담연

覓則知君不可見.[2]
멱즉지군불가견

頌曰
송 왈

如來壽量曠無攀 只爲衆生換舊顔
여래수량광무반 지위중생환구안

未識慈尊須急去 堂堂常在古靈山.
미식자존수급거 당당상재고령산

---

1. 아들이 독약을 먹고 위독하나 정신이 없어 의사 아버지가 약을 지어주어도
   믿지를 않자, 의사는 타국으로 가서 죽었다는 소식을 집으로 보낸다. 그러자
   아버지를 그리워한 아들은 아버지가 준 약을 떠올리고 약을 먹고 병이 나았다.
   여래수량품에서는 이처럼 부처님이 중생을 위해 '열반'이라는 방편을 쓰고 있
   음을 의사의 비유를 들어 설명하고 있다.
2. 원순, 『신심명·증도가』 도서출판 법공양, 2013년, 66쪽.

중생들을 위하여 잠시 법을 말하고 열반을 보여주는 것은 분
명 아들에게 약 처방을 남기고 떠나간 의사 아버지와 같으니,
그렇다면 옛 부처님을 지금 어찌하여 보지를 못하는가?

　그 자리는 영원토록 맑고 깨끗해
　찾는다면 알겠지만 볼 수는 없네.

게송으로 말하노라.

　여래 삶이 끝이 없어 영원하지만
　중생들을 위하여서 얼굴 바꾸니
　부처님을 몰랐거든 서두르시오
　영산회상 그 자리에 늘 계신다네.

分別功德品 讚曰

悟諸佛之眞常 其德無量
오제불지진상 기덕무량

聞如來之妙音 所證難思.
문여래지묘음 소증난사

諸天雨寶花而助揚 菩薩出妙聲而歌詠.
제천우보화이조양 보살출묘성이가영

一念信解 倍修五度[1]之功 一聞受持 能生無上之慧.
일념신해 배수오도 지공 일문수지 능생무상지혜

靈山 雖遠 觸目無非道場 如來雖滅 一念卽爲頂戴.
영산 수원 촉목무비도량 여래수멸 일념즉위정대

爲佛不須復起塔廟 是人堪受人天供養.
위불불수부기탑묘 시인감수인천공양

---

1. '오도五度'는 육바라밀에서 반야바라밀을 뺀 나머지인 보시, 지계, 인욕, 정진,
   선정 바라밀을 말한다.

17. 온갖 공덕이 드러나는 것을 찬탄하다

모든 부처님의 참된 성품을 깨달으면 그 공덕이 헤아릴 수 없고, 부처님의 미묘한 소리를 들으면 그 증득한 내용을 생각으로는 헤아리기 어려운 법이다.

이에 온 하늘에서 보배 꽃이 내려와 분위기를 돋우고 보살들이 아름다운 목소리로 노래를 한다.

한 생각에 믿고 알면 다섯 바라밀의 공덕보다 더 크고, 한 번 듣고 받아 지니면 최고의 지혜를 낸다.

영산이 멀지라도 눈앞에 부처님 계시지 않은 곳이 없고 부처님이 열반하셨더라도 한 생각에 공손히 모실 수가 있다.

부처님을 위한다고 다시 절이나 탑을 만들지 말라. 이 사람은 하늘과 인간의 복만 받을 뿐이다.

故知
고 지

諸供養中 法供養最 修衆善中 悟眞常難.
제공양중 법공양최 수중선중 오진상난

昔 有僧 問 如何是堅固法身
석 유승 문 여하시견고법신

答曰 山花開似錦 澗水湛如藍.[1] 還會麽.
답왈 산화개사금 간수담여람   환회마

若解轉身些子力
약해전신사자력

頭頭物物摠相逢.[2]
두두물물총상봉

頌曰
송 왈

上有髻子下蓮臺 頂上盤旋白氣開
상유계자하련대 정상반선백기개

若了眞常這个是 不須他處重徘徊.
약료진상저개시 불수타처중배회

---

1. 한 수행승이 대룡 선사에게 "형체가 있는 것은 부서져 버리기 마련인데, 영원히
   변치 않는 법신은 어떤 것입니까?[色身敗壞 如何是堅固法身]"라고 묻자 이 게송
   으로 답을 하였다.
2. 원순,『야부 스님 금강경』, 436쪽.

그러므로 모든 공양 가운데 법공양이 으뜸이니, 온갖 수행 속에 변치 않는 부처님의 참뜻을 깨닫는 것이 어려운 줄 알아야 한다.

옛날에 어떤 스님께서 "어떤 것이 변치 않는 법신입니까?"라고 물으니, "산에 들에 꽃이 피어 아름답기 비단 같고 시냇물은 맑고 맑아 푸르기가 쪽빛 같다."라고 대답을 하였다. 이 도리를 알겠는가?

　　몸 바꾸어 조금 힘을 쓰는 법을 알게 되면
　　눈에 닿는 곳곳마다 부처님을 만나리라.

게송으로 말하노라.

　　연화대에 앉아 계신 우리 부처님
　　머리 위에 흰 기운이 상서롭기에
　　깨달으면 이 모든 것 진실이므로
　　다른 데서 머뭇거릴 필요가 없네.

一說眞常微妙理
일설진상미묘리

刹塵兒子各還源
찰진아자각환원

若能信解當來世 堪受人天仰至尊.
약능신해당래세 감수인천앙지존

一說眞常微妙理

刹塵兒子各還源
찰진아자각환원

참된 도리 미묘한 법 한 번 설하면
무량 중생 저마다의 깨달음 있어
연꽃 법을 믿고 알아 공부한다면
오는 세상 하늘 인간 스승이 되리.

隨喜功德品 讚曰

施三檀[1] 滿僧祇[2] 福有求而功劣.
시 삼 단 만 승 지 　 복 유 구 이 공 열

持此經演一部 德不孤而果勝.
지 차 경 연 일 부 　 덕 불 고 이 과 승

若能聞經轉敎 雖至五十 亦圓
약 능 문 경 전 교 　 수 지 오 십 　 역 원

何況親聞正法 復能如說修行 發生智慧光明 流出眞如
하 황 친 문 정 법 　 부 능 여 설 수 행 　 발 생 지 혜 광 명 　 류 출 진 여

妙用.
묘 용

徹覺皇之本願 豁悟道之眼目.
철 각 황 지 본 원 　 활 오 도 지 안 목

---

1. 단檀은 범어 'dāna'의 음사이며 '보시'는 'dāna'의 의역이다. 부처님 시대부터 있었던 수행 방법이다. 자비로운 마음으로 다른 사람에게 복덕과 이익을 베푼다는 뜻이 들어있다. 삼단은 세 가지 보시로 재물을 베푸는 '재보시財布施', 중생의 거친 마음을 어머니처럼 편안하게 감싸주는 '무외시無畏施', 불법에 인연을 맺게 하여 성불할 씨앗을 심어주는 '법보시'이다. 이것들은 세상을 행복하게 살게 하는 보물이다.
2. 아승지阿僧祇는 인도에서 헤아릴 수 없는 큰 수를 말한다. '아阿'는 없다는 뜻이고, '승지僧祇'는 수數의 뜻으로 셀 수 없을 정도로 많은 숫자를 말한다. 인도에서 124가지의 큰 수 가운데 105번째에 해당하는 수.

18. 법을 함께 기뻐하는 공덕을 찬탄하다

온갖 보물을 세세생생 베풀어 허공에 채운다면 복이야 있게 되지만 그 공덕은 적다. 그러나 남을 위해 『연꽃법화경』의 한 구절을 말한다면 그 공덕이 적지 않아 과보가 수승하다.

이 경을 듣고 널리 퍼뜨리고 퍼뜨려 쉰 번째 들은 사람조차 그 공덕이 오롯하다면, 하물며 몸소 『연꽃법화경』의 바른 법을 듣고 그대로 수행하여 빛나는 지혜로 진여의[1] 세계를 구현하는 사람의 공덕이야 더 말할 필요가 있겠는가.

부처님의 본원을 철저히 알고 도를 깨닫는 안목이 활짝 트일 것이다.

---

1. 원효 스님은 『큰 믿음을 일으키는 글(대승기신론소별기)』에서 말한다.
 "마음에 있는 진여는 곧 하나의 법계로서 '전체 큰 모습으로 있는 법에 들어가는 길의 바탕'이다. 이른바 마음의 성품이 불생불멸이니 모든 법은 오직 망념으로 말미암아 차별이 있을 뿐이다. 망념을 여읜다면 경계로 나타나는 어떤 모습도 없다. 이 때문에 모든 법이 본디부터 '말에 있는 모습'과 '이름에 있는 모습'과 '마음이 인연한 모습'을 여의어서, 마침내 평등하여 변할 것이 없고 무너뜨릴 수도 없어 오직 한마음일 따름이다. 그러므로 진여라고 한다."
 원순, 『큰 믿음을 일으키는 글』 도서출판 법공양, 2003년, 21쪽.

所以 詣僧坊而專門 感生人天 勸他人而分座 轉身釋
소이　예승방이전문　감생인천　권타인이분좌　전신석

梵[1]
범

自利利物無窮 己轉轉他不息.
자리이물무궁　기전전타불식

生生 六根[2]完具 世世 諸天景仰 爲甚如此.
생생　육근.완구　세세　제천경앙　위심여차

迦陵頻迦[3]勝諸鳥 在地好堅茅百圍.
가릉빈가　승제조　재지호견모백위

頌曰
송왈

檀度僧祇七寶功 還如仰箭射虛空
단도승지칠보공　환여앙전사허공

此經暫聽兼圓轉 報勝河沙妙莫窮.
차경잠청겸원전　보승하사묘막궁

---

1. 제석천은 수미산 꼭대기에 있는 도리천 임금이다. 선견성에서 불법과 불법에 귀의하는 사람을 보호하며 아수라 군대를 쳐부수는 하늘의 임금을 말한다. 범천은 제석천과 함께 바른 법을 옹호하는 천신이며, 부처님이 세상에 나오실 적마다 제일 먼저 설법을 청한다고 한다.
2. 육근六根은 대상을 인식하는 기관으로서 안근, 이근, 비근, 설근, 신근, 의근을 말한다. 육근의 근根은 무엇을 만들어 낸다는 뜻을 가지고 있으니, 색, 소리, 냄새, 맛, 느낌, 법의 여섯 가지 경계를 인식하여 알음알이를 내는 곳이라는 뜻이다.
3. 가릉빈가는 인도 신화에 나타나는 상상의 새로 극락정토의 설산에 살며, 새의 몸에 사람 머리를 하고 있다. 이 신조神鳥는 자태가 매우 아름다울 뿐 아니라 소리 또한 아름답고 묘하여 묘음조妙音鳥·호음조好音鳥·미음조美音鳥라고도 하며, 극락에 깃들어 산다고 하여 극락조라고도 한다.

그러므로 절에서 부처님의 법문만 들어도 하늘과 인간의 좋은 복을 받고, 법문 듣는 자리를 다른 사람과 나누어 앉기만 하여도 도리천의 임금이 되니, 자기도 이롭고 남도 이로운 일들이 끝이 없다.

태어날 때마다 안이비설신의 육근이 잘 갖추어지고 태어나는 세상마다 모든 하늘이 우러러 보니, 무엇 때문에 그러한가.

　　가릉빈가 뭇새 중에 으뜸이 되고
　　초목 속에 우뚝 솟은 거목이로다.

게송으로 말하노라.

　　온갖 보물 가져다가 보시를 해도
　　허공에다 쏘아 올린 화살 같으나
　　연꽃 법화 잠깐 듣고 전파한 공덕
　　그 공덕은 뛰어나서 한량없구려.

法師功德品 讚曰

因勝果勝 世諦卽是妙法
인승과승 세제즉시묘법

功圓德圓 色身應同法身.
공원덕원 색신응동법신

若能精持不倦 成就功德難量
약능정지불권 성취공덕난량

破塵出經卷 說塵中之蓮經 卽物證實相 拈物上之妙體.
파진출경권 설진중지연경 즉물증실상 염물상지묘체

所以 沙界圓明 卽得六根淸淨 無碍旋轉莊嚴
소이 사계원명 즉득육근청정 무애선전장엄

自他受用不盡 開佛知見 入佛知見 大地無纖毫隔碍.
자타수용부진 개불지견 입불지견 대지무섬호격애

要見麼.
요견마

144

19. 법을 전하는 법사의 공덕을 찬탄하다

인연도 좋고 결과도 좋으니 세상의 이치가 미묘한 법이라, 공덕이 오롯하여 색신이 곧 법신이다.

만약 이 도리를 놓치지 않고 끊임없이 챙긴다면 헤아릴 수 없는 공덕을 성취하니, 번뇌를 타파하고 팔만대장경을 꺼내 번뇌 속의 『연꽃법화경』을 설하며, 중생 그 자체에서 실상을 증득하여 중생의 오묘한 바탕을 집어낸다.

그러므로 갠지스 강 모래알 수만큼 많은 세계가 오롯이 밝고 눈, 귀, 코, 혀, 몸, 뜻 육근六根이 청정하여 걸림 없이 그 세상에 장엄이 펼쳐지니, 나와 남이 끝없이 그 장엄을 받아쓰며 부처님의 지견을 열어 그 지견 속으로 들어감에 사방으로 펼쳐 있는 땅덩어리조차 조금도 장애가 되지 않는다.

이것을 보고자 하는가?

但當得本莫愁末
단 당 득 본 막 수 말

如淨琉璃含寶月.[1]
여 정 유 리 함 보 월

頌曰
송 왈

持經功德若宣揚 海墨塵毫未易量
지 경 공 덕 약 선 양 해 묵 진 호 미 이 량

父母所生淸淨體 十方沙界遍圓彰.
부 모 소 생 청 정 체 시 방 사 계 변 원 창

---

1. 만약 중생의 미세한 알음알이가 다 사라지면 오롯하게 밝고 깨끗하며 오묘한
마음이 그 가운데 드러나 몸과 마음, 이 세계, 모든 부처님과 중생이 오롯하게
하나 되어 서로 서로 완전하게 거두어들이므로, 깨끗한 유리병이 보배로운 밝은
달을 머금고 있는 것처럼 안팎의 경계가 맑고 깨끗하다.
　원순, 『신심명·증도가』, 56쪽.

근본만을 얻어갈 뿐 곁가지 버려
유리병 속 반짝이는 보배 달 같다.

게송으로 말하노라.

경을 받아 지닌 공덕 찬탄하려 애를 써도
제 아무리 많은 글로 헤아릴 수 없는 공덕
부모에게 받은 이 몸 그 바탕이 맑고 맑아
시방세계 모든 곳이 두루 오롯 빛난다오.

常不輕菩薩品 讚曰

法無高下 諸佛心中 衆生時時成佛.
법무고하 제불심중 중생시시성불

相離我人 衆生身內 諸佛念念證眞.
상이아인 중생신내 제불념념증진

是故 不輕遍記男女 令彼上慢[1]信伏.
시고 불경변기남여 영피상만 신복

不專讀誦 所以妙法無相.
부전독송 소이묘법무상

確忍罵辱 所以妙行無我.
확인매욕 소이묘행무아

---

1. '증상만'은 자신이 아주 잘난 줄 알아 깨닫지 못하고도 깨달았다고 생각하는
   사람이다.

20. '늘 남을 공경하는 보살'을 찬탄하다

법에는 높고 낮음이 없으므로 모든 부처님의 마음속에서 온갖 중생이 끊임없이 부처님이 된다.

온갖 모습이 나와 남에 대한 집착에서 벗어나 있으므로 중생의 몸 안에서 모든 부처님이 생각마다 진여를 증득한다.

이 때문에 '늘 남을 공경하는 보살님[常不輕菩薩]'이 남녀 모두 빠짐없이 부처님으로 모셔 잘난 체하는 사람들이 모두 그 말을 믿고 따르게 하였다.

『연꽃법화경』을 읽거나 외우지 않고 오로지 예배만 하는 것은 미묘한 법에 집착할 어떠한 모습도 없기 때문이다.

남이 꾸짖고 욕을 해도 흔들림 없이 참고 있는 것은 부처님의 오묘한 삶에는 '나'와 '내 것'이라고 할 게 없기 때문이다.

一生但行精持 臨終具聞多偈
일생단행정지 임종구문다게

直得緣影俱亡而慧命不夭 化佛雖逝而法音不滅.
직득연영구망이혜명불요 화불수서이법음불멸

積德彌多 如來速得成佛
적덕미다 여래속득성불

植因不虛 四衆現發大心.
식인불허 사중현발대심

至哉 一部蓮經 當應五種受持.
지재 일부연경 당응오종수지

且道. 奉持个甚麼.
차도 봉지개심마

白紙上邊書墨字 諸君開眼目前觀.[1]
백지상변서묵자 제군개안목전관

---

1. 원순, 『야부 스님 금강경』, 362쪽.

한평생 이 『연꽃법화경』을 잘 챙기고 살아간다면 숨을 거둘 때 『연꽃법화경』의 많은 게송이 하나도 빠짐없이 들려온다.

바로 인연의 그림자들이 다함께 사라지고 부처님의 명줄 지혜만 남게 되니, 화신불이 사라졌더라도 법음은 남아 있게 된다.

덕을 많이 쌓았기에 여래께서 빨리 성불할 수 있었고, 공덕을 심어놓은 인연이 헛되지 않았으므로 사부대중이 부처님의 마음을 드러내는 것이다.

지극하여라!
이 『연꽃법화경』을 받아 지녀 읽고 외워 남한테 풀이해 주며 이 경을 널리 전파해야 할 것이다.

한 번 일러 보아라. 무엇을 받들어 지녀야 할 것인가?

　흰 종이에 검은 글자 쓰여 있으니
　그대들은 눈을 뜨고 바로 보아라.

頌曰
송 왈

不輕昔年善精持 遍記羣生無物我
불 경 석 년 선 정 지　변 기 군 생 무 물 아

能忍罵辱曠劫修 疾得菩提成道果.
능 인 매 욕 광 겁 수　질 득 보 리 성 도 과

게송으로 말하노라.

상불경이 예로부터 마음 챙기니
모든 분들 빠짐없이 부처님이라
오랜 세월 온갖 모욕 참을 수 있어
재빠르게 깨달음을 증득하였네.

如來神力品 讚曰

欲傳法於萬世 須將神力 故現相於當時 以讚功德.
욕전법어만세 수장신력 고현상어당시 이찬공덕

一念之頃 現百千歲
일념지경 현백천세

數寸之舌 高至梵天 異界衆生歡喜 得未曾有.
수촌지설 고지범천 이계중생환희 득미증유

上方諸天唱道 說是大乘
상방제천창도 설시대승

香花瓔珞 散虛空而作雨 幡盖莊嚴 成寶帳以如雲.
향화영락 산허공이작우 번개장엄 성보장이여운

奇哉 如來神力.
기재 여래신력

至哉 妙法功能.
지재 묘법공능

21. 여래의 신통력을 찬탄하다

영원토록 법을 전하고자 부처님께서는 헤아릴 수 없이 많은 신통을 일부러 그 당시 대중 앞에 드러내어 이 경의 공덕을 찬탄하였다.

한 생각에 수많은 세월을 드러내고 짧은 혀로 저 높은 범천까지 닿게 하니, 다른 세계 중생들이 일찍이 보지 못했던 일을 보고 기뻐하였다.

모든 하늘 신들도 소리 높여 대승의 법을 말하니 향, 꽃, 옥구슬이 허공에서 산들바람에 흩날려 비 오듯 쏟아지고, 깃발과 일산으로 장엄한 것들이 보배 휘장이 되어 구름처럼 펼쳐졌다.

기이하구나! 부처님의 신통력이여.
지극하도다! 미묘한 법의 공덕이여.

所有之四法[1] 稱性示現
소유지사법 칭성시현

難言之七旨[2] 以物開示.
난언지칠지 이물개시

若流通於後世 卽如來之嫡嗣
약유통어후세 즉여래지적사

園林房舍 堪爲淸淨之道場 山谷曠野 應起人天之塔廟.
원림방사 감위청정지도량 산곡광야 응기인천지탑묘

廓然如春歸萬國 快然如風行太虛.
확연여춘귀만국 쾌연여풍행태허

且道. 是什麼法
차도 시삼마법

毘婆尸佛[3]早留心 直至如今不得妙.[4]
비바시불 조류심 직지여금부득묘

---

1. "선남자 선여인이 네 가지 법을 성취해야 여래가 멸도한 뒤에 이『연꽃법화경』을 얻을 것이다. 첫째는 모든 부처님의 가피가 있어야 하고, 둘째는 온갖 덕의 근본을 심어야 하며, 셋째는 반드시 도에 들어갈 수 있는 길로 들어가야 하고, 넷째는 모든 중생을 구하고자 하는 원력을 내어야 한다." 원순,『연꽃법화경』, 418쪽.
2. "이 경전이 있는 곳이 동산, 숲 속, 나무 밑, 승방, 여염집, 큰 집, 산골짜기나 들판일지라도 이 가운데서 모두 탑을 일으켜 공양해야 할 것이다. 무엇 때문인가. 마땅히 알라. 이곳은 곧 수행하는 터로서 모든 부처님께서 이곳에서 깨달음을 얻으시고 법을 설파하시며 열반에 들어가시기 때문이다." 원순,『연꽃법화경』, 354쪽.
3. 비바시불은 최초라는 뜻도 있으니, 과거 세상에 일곱 분의 부처님이 있었는데, 비바시불이 그 첫 번째이므로 이를 상징하여 일컫는 말이다.
4. 원순,『종경 스님 금강경』, 34쪽.

156

『연꽃법화경』을 얻기 위해 해야 할 네 가지 법을 모두 그 성품에 맞추어서 드러내고, 말하기 어려운 『연꽃법화경』의 뜻을 일곱 가지 수행하는 터로 열어 보인다.

만약 이 법을 후세에 유통시킨다면 부처님의 뒤를 이을 사람이니, 이 경전이 있는 동산과 숲속, 승방이나 서민의 집이 맑고 깨끗한 도량이 될 만하고, 이 경전이 있는 산골짜기와 들판도 사람과 하늘 신이 공양할 탑을 일으켜야 한다.

마음이 툭 트이니 따뜻한 봄이 온 세상에 가득하고
마음이 시원하니 허공에 시원한 바람이 부는 듯하다.

한 번 일러 보아라. 이것이 무슨 법인고?

    비바시불 당시부터 마음속에 두었어도
    이 날까지 이르도록 묘한 법을 못 얻었네.

頌曰
송 왈

娑婆世界[1]欲流通 大放光明遍太空
사 바 세 계 욕 유 통 대 방 광 명 변 태 공

八字打開分付汝 堂堂妙法古今同.
팔 자 타 개 분 부 여 당 당 묘 법 고 금 동

---

1. 사바세계는 우리들이 살고 있는 세계를 말한다. '사바'는 범어로서 견디고 참는
   다는 뜻이다. 이 세계의 중생들은 온갖 괴로움을 참고 견디며 살아가기 때문에
   이런 이름을 붙인 것이다.

게송으로 말하노라.

묘한 법을 사바세계 끊임없이 알리려고
온 허공에 큰 광명을 두루 놓아 밝히면서
남김없이 보여주고 그대에게 당부하니
당당하다 미묘한 법 예나 지금 똑같다네.

囑累品 讚曰

法王法如是 一大事因緣旣畢.
법왕법여시 일대사인연기필

緣始緣以終 三摩頂授記示迹.
연시연이종 삼마정수기시적

囑累無量菩薩 欲令遍界流通.
축루무량보살 욕령변계유통

勸學如來三行 廣布諸佛一乘.
권학여래삼행 광포제불일승

菩薩 奉持而去 歡喜遍身
보살 봉지이거 환희변신

聲聞聽言而還 寶塔隱空.
성문청언이환 보탑은공

22. 연꽃법화경의 유통을 찬탄하다

부처님의 법이 여여 하므로 중생의 생사를 해결하는 일대사
인연은 이미 다 마쳤다.

일대사인연을 시작으로 그 인연을 다 마쳤으므로 보살들의
머리를 세 번이나 어루만지면서 그 자취를 보여주었다. 그러
면서 헤아릴 수 없이 많은 보살들에게 이 법을 온 누리에 전하
도록 당부하였다.

부처님의 법과 자비와 중생의 큰 시주로서의 역할을 배우도
록 권하며, 모든 부처님의 한마음인 일승법을 널리 유포하도
록 하였다.

그 자리에 있던 보살들은 온 몸에 기쁨이 넘쳐흘러 이 법을 받
들어 지니고 갔으며, 성문들도 이 말을 듣고 돌아가자 보배로
된 탑이 공중으로 사라졌다.

嗚呼 諄諄法說喩說甚深 杳杳 千劫萬劫難遇.
오호 순순법설유설심심 묘묘 천겁만겁난우

古人道 諸法從緣生 亦從因緣滅
고인도 제법종연생 역종인연멸

法王告畢後 還有佛性也無.
법왕고필후 환유불성야무

數行梵字雲中鴈 一曲無生澗底琴.[1]
수행범자운중안 일곡무생간저금

頌曰
송왈

囑累靈峯微妙法 當知勸化報鴻恩
촉루영봉미묘법 당지권화보홍은

權前智體行圓行 大地山河皆應身.
권전지체행원행 대지산하개응신

---

1. 원순, 『종경 스님 금강경』, 254쪽.

아! 알뜰하고 정성스러우니 법과 비유로 설한 내용들이 매우 깊고, 아득하고 아득하므로 천겁만겁 만나기 어려운 법이로다.

옛 사람이 말하기를, "모든 법이 인연으로 생겨나면서 그 인연이 흩어지면 사라져간다."라고 하였으니, 부처님께서 일대사인연을 마친다고 이른 뒤에도 부처님의 성품은 있는 것인가, 아니면 없는 것인가?

여러 줄로 써진 글자 구름 속의 기러기요
생멸 없는 한 곡조는 시냇물의 노래로다.

게송으로 말하노라.

영산회상 미묘한 법 유통하길 당부하니
큰 은혜를 갚는 길은 오직 한 길 중생교화
방편 이전 지혜 바탕 오롯한 삶 실천하니
산하대지 이 모두가 부처님의 화신이라.

藥王菩薩本事品 讚曰

日月淨明 如來不立一字而演說.
일월정명 여래불립일자이연설

衆生喜見 菩薩不愛一身而精持 是名精進 是眞供養.
중생희견 보살불애일신이정지 시명정진 시진공양

故宿王之發問 世尊答以是事.
고숙왕지발문 세존답이시사

塗香燃身 表慧滅幻緣.
도향연신 표혜멸환연

起塔燃臂 示悲除斷常.[1]
기탑연비 시비제단상

---

1. 어떠한 모습이 있다는 것에 집착하면 상견常見이고, 어떠한 모습도 없다는 것에
   집착하면 단견斷見이다.

23. 약왕보살의 전생을 찬탄하다

'해와 달처럼 밝고 맑은 덕을 지닌 여래[日月淨明如來]'가 한 글자도 내세우지 않고 삼매 속에서 법을 설하였다.

그러자 '모든 중생들이 보고 기뻐하는 보살[衆生喜見菩薩]'이 자신의 몸을 아끼지 않고 그 법을 잘 지켜나가면서 소신공양을 올리니, 이를 일러 '정진'이라 하고, '참다운 공양'이라 한다.

그러므로 '하늘의 별 큰 꽃 보살[宿王華菩薩]'이 약왕보살의 고행에 대한 질문을 하자, 세존께서 이처럼 약왕보살이 소신 공양 올린 것을 예로 들어 대답한 것이다.

향을 바르고 몸을 사르는 것은 지혜로 허깨비와 같은 인연을 없애주는 것을 드러내는 것이다.
탑을 세우고 팔을 사르는 것은 자비로 단견과 상견을 없애주는 것을 보여주는 것이다.

竟得金色之身 又現天花之瑞.
경득금색지신 우현천화지서

一句之恩 廣十喩而莫報 一經之文 歷千劫而難遇.
일구지은 광십유이막보 일경지문 역천겁이난우

若聞如此本事 流通末世衆生 廣利無邊 功德巨量.
약문여차본사 유통말세중생 광리무변 공덕파량

一聞皆得色身三昧 轉女成男 一信不爲十使[1] 所纏 轉
일문개득색신삼매 전여성남 일신불위십사 소전 전

禍爲福.
화위복

現世口出妙香 當來身生蓮臺[2] 證佛所讚 眞實不虛.
현세구출묘향 당래신생연대 증불소찬 진실불허

且道. 如何是藥王燃身的的大意.
차도 여하시약왕연신적적대의

---

1. '십사十使'는 중생을 부리는 열 가지 번뇌를 말한다. 탐욕, 성냄, 어리석음, 교만,
   의심, 몸에 대한 집착, 견해에 대한 집착, 삿된 소견, 자기 견해만 취하려는 집착,
   형식적인 자기 삶에 대한 집착 등을 말한다.
2. 연화대는 연꽃으로 형상화한 부처님의 자리를 말하는데 극락세계를 뜻한다.
   연꽃이 진흙물 속에서도 오염되지 않듯 부처님이 중생 속에 있으면서도 번뇌에
   물들지 않는 것을 비유한다.

약왕보살의 공양은 헛되지 않아 마침내 황금색 몸을 얻고 하늘에서 꽃비가 내리는 상서로움이 나타난 것이다.

법문 한 구절의 은혜는 온갖 비유로 아무리 말해도 다 알릴 수 없고, 경전 속의 가르침은 천겁의 오랜 세월을 지나도 만나기 어려운 것이다.

그러니 이와 같은 부처님과 보살의 전생 이야기를 듣고 이것을 말세중생들에게 알려주면 그 이익이 광대하며 그 공덕이 무량한 것이다.

이 법문을 한 번만 들어도 모두 색신에서 삼매를 얻고 여자가 남자가 되며, 이 법을 한 번만 믿어도 열 가지 번뇌에 얽매이지 않아 재앙이 복덕이 된다.

현세에는 입에서 미묘한 향내가 나고, 오는 세상에서는 극락세계 연꽃 좌대에 태어나, 부처님이 찬탄하는 바를 증득하니 진실로 헛되지 않다.

한 번 일러 보아라. 어떤 것이 몸을 사르는 약왕보살의 분명한 뜻인가?

竹影掃階 塵不動 月穿潭底 水無痕.[1]
죽영소계 진부동 월천담저 수무흔

頌曰
송왈

藥王燒身燃兩臂 分明標格示行人
약왕소신연량비 분명표격시행인

若能如是精持法 是則名爲報佛恩.
약능여시정지법 시즉명위보불은

---

1. 원순, 『야부 스님 금강경』, 406쪽.

대 그림자 비질해도 티끌 한 점 일지 않고
맑은 물속 달이 첨벙 물결 하나 일지 않네.

게송으로 말하노라.

약왕보살 몸 사르고 또한 두 팔 불살라서
수행하는 참 모습을 분명하게 보여주니
이와 같이 참된 법을 잘 챙겨서 지녀 가면
바로 이것 부처님의 큰 은덕을 갚는 방법.

妙音菩薩品 讚曰

善逝[1] 在靈山 圓現極果之光
선서 재영산 원현극과지광

妙音 從淨國 來彰正受之瑞.
묘음 종정국 내창정수지서

佩萬福之光明 威儀不忒 乘七寶[2]之蓮臺.
패만복지광명 위의불특 승칠보 지연대

衆會如雲 百千瓔珞供養 微妙音聲問訊.
중회여운 백천영락공양 미묘음성문신

如是三昧 文殊猶且不識 如是善根[3] 華德豈可能知.
여시삼매 문수유차불식 여시선근 화덕기가능지

---

1. '선서'는 부처님의 열 가지의 명호 가운데 하나로 부처님이 가는 곳 모두가 부처
   님 세상이라는 뜻이다.
2. '칠보'는 일곱 가지 보물인데 금, 은, 유리, 파려玻瓈, 차거硨磲, 하얀 산호, 마노가
   이에 해당한다.
3. '선근'은 착한 마음의 뿌리다. 착한 마음에서 온갖 공덕이 나오는 것을 말한다.

24. 묘음보살이 사바세계에 온 것을 찬탄하다

영축산에 계시는 부처님께서 오롯한 부처님의 마음자리에서 나오는 광명을 드러내니, 묘음보살이 '깨끗한 빛으로 장엄한 국토[淨光莊嚴國]'에서 사바세계로 건너와 세상의 경계를 올바로 받아들인 삼매의 상서로움을 드러내었다.

이런 온갖 복덕의 빛에 둘러싸인 묘음보살은 흔들림 없는 위의로 칠보연꽃 좌대에 올랐다.

그러자 구름처럼 따르는 수많은 대중들과 함께 온갖 옥구슬 장식을 부처님께 공양 올리고 미묘한 음성으로 석가모니 부처님께 문안을 드렸다.

이와 같은 삼매 속에 일어나는 일을 문수보살조차 몰랐으니, 이 묘음보살의 선근과 공덕을 '꽃 공덕 보살[華德菩薩]'이 어찌 알 수가 있겠느냐.

於無去來相 能生去來之神變
어 무 거 래 상 능 생 거 래 지 신 변

向無迷悟法 忽證河沙之三昧.
향 무 미 오 법 홀 증 하 사 지 삼 매

雖然如是 畢竟非眞 如何是眞個妙行.
수 연 여 시 필 경 비 진 여 하 시 진 개 묘 행

片月影分千澗水
편 월 영 분 천 간 수

孤松聲任四時風.
고 송 성 임 사 시 풍

嗄¹ 是麤也 是妙也.
사　 시 추 야 시 묘 야

將此深心 問於多寶.
장 차 심 심 문 어 다 보

---

1. '사嗄'는 의성어로 목이 잠긴 소리이다.

오고 가는 모습이 없는 데에서 오고 가는 신통 변화를 드러내니, 어리석음이나 깨달을 법이 없는 곳에서 홀연 갠지스 강 모래알 수만큼의 많은 삼매를 증득한다.

비록 이와 같더라도 끝내 이조차 진짜가 아니니, 그렇다면 어떤 것이 진짜 미묘한 보살행이겠는가?

저 하늘에 두리둥실 보름달 뜨자
그 그림자 냇물마다 품고 있어라
우뚝 솟은 소나무의 솔바람 소리
사시사철 바람 따라 느낌 다르네.

자, 이것이 거칠게 드러나는 모습이냐, 아니면 묘하게 드러나지 않는 모습이냐?

깊이 생각해 보고 다보여래에게 물어보아라.

頌曰
송 왈

妙音來自光嚴國 三昧神通罕古今
묘음래자광엄국 삼매신통한고금

大智文殊猶莫測 的然光闡老婆心.
대지문수유막측 적연광천노파심

頌曰

게송으로 말하노라.

　　빛의 장엄 국토에서 온 묘음보살
　　삼매 신통 예나 지금 보기 힘들며
　　문수보살 그조차도 짐작 못하니
　　분명하게 노파심을 드러낸 것을……

觀世音菩薩普門品 讚曰

妙法不出世間 衆生苦惱卽眞
묘 법 불 출 세 간 중 생 고 뇌 즉 진

普門應於音聲 法界業浪皆圓.
보 문 응 어 음 성 법 계 업 랑 개 원

故彼洛迦大士[1] 能救娑婆有情.
고 피 낙 가 대 사 능 구 사 바 유 정

現一十四無畏功德 難翻無難[2]
현 일 십 사 무 외 공 덕 난 번 무 난

行三十二相好報身[3] 度應得度.
행 삼 십 이 상 호 보 신 도 응 득 도

---

1. 낙가산보살은 관세음보살을 말한다. 관세음보살이 머무는 보타락가산의 이름
   을 따서 부르는 명칭이다.
2. 큰불 속에 들어가거나 큰물에 떠내려가더라도, 도둑이 많은 길을 지나가거나
   큰 피해를 입는 등의 고난을 당할 때 관세음보살님을 부르면 그 고난에서 벗어나
   게 된다. 음욕이 많고 성냄, 어리석음이 많더라도 관세음보살님을 부르면 음욕
   과 성냄, 어리석음 등에서 벗어날 것이다. 이처럼 관세음보살님의 이름을 지니
   면 두려움 없이 온갖 고난을 이겨낼 수 있다.
3. 관세음보살은 중생을 제도할 때 부처님 몸으로 제도할 이에게는 부처님의 몸으
   로 나타나 설법한다. 벽지불의 몸으로 제도할 이에게는 벽지불의 몸을, 성문의
   몸으로 제도할 이에게는 성문의 몸으로 나타난다. 이렇듯 온갖 형상으로 모든
   국토에 다니면서 중생을 제도한다.

25. 중생을 보살피는 관세음보살을 찬탄하다

묘한 법은 세간을 벗어나지 않으니 중생의 고뇌 자체가 참된 법이다.

두루 통하는 문은 중생의 부름에 감응하여 법계에서 이는 업의 물결이 모두 오롯한 법이다.

그러므로 저 보타락가산에 계시는 관세음보살이 사바세계의 중생들을 구제할 수 있다.

열네 가지 두려움 없는 공덕을 드러내므로 어려운 상황을 뒤바꾸어 어려움이 없게 한다.

서른두 가지 상호를 갖춘 부처님의 몸을 세상에 드러내 중생들을 제도하니 모든 중생이 구원을 받는다.

弘願深如海 歷劫難思
홍원심여해 역겁난사

眞觀廣如性 沙界普賢.
진관광여성 사계보현

宛如雨寶虛空 衆生隨意具足.
완여우보허공 중생수의구족

旣有如意功德 流通濁世卽今.
기유여의공덕 유통탁세즉금

大士妙唱 在什麽處.
대사묘창 재삼마처

半夜巖頭風月靜
반야암두풍월정

一聲高樹老猿啼.
일성고수노원제

弘願深如海 歷劫難思
홍원심여해 역겁난사

넓고 크신 원력 깊이 바다와 같아
오랜 세월 생각해도 어려운 일들
바로 보니 그 성품이 참으로 넓어
항사법계 그 자체가 보현이라네.

이는 분명히 허공에서 보배가 쏟아져 내리자 중생들이 마음
먹은 대로 보배로운 법을 다 갖추는 것과 같다.

이미 뜻대로 되는 공덕이 있으므로 보배로운 법이 혼탁한 세
상에 유통되어 오늘날까지 이르렀다.

관세음보살의 미묘한 노래가 어느 곳에 있는가?

큰 바위서 한밤중에 찬바람 일고
허공 속에 떠 있는 달 눈이 부시니
높은 나무 가지 위에 늙은 원숭이
우는 소리 밤이 깊어 적막을 깨네.

頌曰
송 왈

稽首寶陀[1]巖上士 妙蓮圓行妙無窮
계 수 보 타 암 상 사 묘 련 원 행 묘 무 궁

欲識觀音眞妙唱 秋深新鴈入雲中.
욕 식 관 음 진 묘 창 추 심 신 안 입 운 중

---

1. 보타락가는 '흰 꽃이 피어 있는 작은 산' 또는 '꽃과 나무로 가득한 작은 산'이라는 뜻을 가진 범어 'potalaka'의 음역이다. 보타락가는 관세음보살님이 머무시는 곳으로 『화엄경』 입법계품에 선재동자가 구도를 위해 세상을 돌아다니던 중 보타락가산에 도착하는 구절이 나오기도 한다. 바다에 접한 아름다운 곳이라 한다.

게송으로 말하노라.

    보타락가 벼랑 위에 관세음보살
    연꽃경의 오롯한 삶 그 끝이 없어
    관음보살 묘한 뜻을 알고자 하면
    가을 깊어 기러기들 구름 속으로……

陀羅尼品 讚曰

大乘微妙之法 豈有魔障.[1]
대승미묘지법 기유마장

本覺空昧之上 恐生瑕點
본각공매지상 공생하점

是故 我調御 宣此經之功德 諸大士 說神呪以守護.
시고 아조어 선차경지공덕 제대사 설신주이수호

二天[2]隨以擁衛 十神[3]繼而依歸 偉哉 摠持[4]神力.
이천 수이옹위 십신 계이의귀 위재 총지 신력

一字包含乎妙義 一切妖魔竄伏 一乘妙法愈久.
일자포함호묘의 일체요마찬복 일승묘법유구

爲什麽如此.
위 삼 마 여 차

---

1. 마장은 몸과 마음을 흔들어 수행을 방해하는 장애물을 말한다.
2. 이천二天은 불법을 수호하고 사람들에게 복을 주는 '비사문천왕'과 수미산 동쪽
   을 다스리는 '지국천왕'을 말한다.
3. 열 귀신은 온갖 귀신을 열 종류로 나눈 것이다. 남바, 비남바, 구부러진 어금니를
   가진 귀신, 꽃처럼 생긴 어금니를 가진 귀신, 검은 어금니를 가진 귀신, 머리털을
   산발한 귀신, 다리가 많이 달린 귀신, 옥구슬 목걸이를 걸친 귀신, 물가에서 소리
   지르는 귀신, 모든 중생의 정기를 빼앗는 귀신을 말한다.
4. 총지는 범어 'dharani'의 의역으로 모든 것을 완전히 지니고 있다는 뜻으로서
   무엇이든 해낼 수 있는 신통력을 말한다.

26. 다라니 주문을 찬탄하다

대승의 미묘한 법에 어찌 마장이 있겠는가.

그래도 본디 깨달음이 공空인 삼매에서 티가 생길까 걱정하니, 이 때문에 우리 부처님께서 이 경의 공덕을 말할 때 모든 보살들이 신비로운 주문으로 이 경을 지키고 보호하였다.

비사문천왕과 지국천왕이 따라 옹호하고 열 명의 나찰녀가 뒤를 이어 귀의하니, 위대하구나! 다라니의 커다란 신통력이여!

한 글자에 온갖 미묘한 뜻을 포함했으므로 온갖 요괴와 마구니가 숨고 달아나니, 일승의 미묘한 법이 이 세상에서 더욱 오래 이어지리라.

어떻게 해야 이처럼 되는 것인가?

金剛寶劍倚天寒 外道邪魔且腦裂.[1]
금강보검의천한 외도사마차뇌열

頌曰
송 왈

妙法本無名與相 空中誰敢露全機
묘법본무명여상 공중수감로전기

一聲心印流通處 直破天魔外道歸.[2]
일성심인유통처 직파천마외도귀

---

1. 원순,『종경 스님 금강경』, 128쪽.
2. '외도'는 부처님의 가르침을 따르지 않는 사람들이다. 천마는 좋은 경계로 나타
    나서 올바른 깨달음을 방해하는 마구니를 말한다.

금강 지혜 칠보 칼날 저 하늘에 번쩍이니
마구니와 온갖 외도 빠짐없이 물리치네.

게송으로 말하노라.

미묘한 법 이름 모양 있지 않으니
어느 누가 그 모습을 드러내리오.
참된 마음 한 소리로 흘러가는 곳
천마외도 곧장 바로 사라지리라.

妙莊嚴王本事品 讚曰

外雖持呪以弘護 內必轉邪而立正
외 수 지 주 이 홍 호　내 필 전 사 이 입 정

是則能知妙法 是則能闡一乘.
시 즉 능 지 묘 법　시 즉 능 천 일 승

昔有比丘四人 精持妙蓮一部
석 유 비 구 사 인　정 지 묘 연 일 부

三人發眞歸源 一人誤落王位.
삼 인 발 진 귀 원　일 인 오 락 왕 위

擬欲轉邪立正 權化伊家母兒
의 욕 전 사 입 정　권 화 이 가 모 아

得佛三昧變化 同詣法華會上.
득 불 삼 매 변 화　동 예 법 화 회 상

一朝豁悟前因 自怪枉入塵網.
일 조 활 오 전 인　자 괴 왕 입 진 망

27. 묘장엄왕 두 아들의 전생을 찬탄하다

밖으로는 다라니를 가지고 법사를 지키고 보호하더라도 안으로는 삿된 것을 반드시 바르게 세워야 하니, 이것이 미묘한 법을 알고 일승을 드러내는 것이다.

옛날에 네 명의 비구가 『연꽃법화경』을 정성껏 받아 지녔는데, 세 사람은 참된 마음에서 도를 성취하였으나 한 사람은 복을 탐하여 왕이 되었다.

이런 왕에게 삿된 길을 버리고 도를 닦게 하고자, 도를 성취한 세 사람은 방편으로 왕의 아내와 두 아들로 화현하여 부처님의 삼매와 신통 변화를 얻고 왕과 함께 법화회상으로 나아갔다.

어느 날 아침 왕이 깨달음을 얻어 전생의 인연을 환희 보니, 번거로운 세상으로 잘못 들어간 자신이 부끄럽기만 하였다.

且道. 轉邪標格 作麼生道.
차 도　전 사 표 격 자 마 생 도

神膏點出一堂寒
신 고 점 출 일 당 한

始信從前非外得.
시 신 종 전 비 외 득

頌曰
송 왈

一乘妙法淨如蓮 處處回邪駕法船
일 승 묘 법 정 여 연 처 처 회 사 가 법 선

若非愛緣難出網 君看二子濟纏緜.
약 비 애 연 난 출 망 군 간 이 자 제 전 면

한 번 일러 보아라. 잘못 된 일을 바로잡아 드러낼 것을 어떻
게 말할 것이냐?

　　춥고 어둔 집안에서 불을 밝히니
　　찾는 물건 예전부터 거기 있었네.

게송으로 말하노라.

　　일불승의 미묘한 법 연꽃처럼 깨끗하여
　　곳곳에서 삿된 것을 정법으로 바꾸면서
　　자비로운 인연으로 아버지를 제도하니
　　두 아들의 신통방편 그대들이 좀 보게나.

普賢菩薩勸發品 讚曰

一大事因緣 從大智而立體
일 대 사 인 연 종 대 지 이 입 체

無量義三昧 結常行而示果.
무 량 의 삼 매 결 상 행 이 시 과

故普賢[1] 從東方來 叅世尊詣靈山會.
고 보 현 종 동 방 래 참 세 존 예 영 산 회

一道白毫 如珂月以散綵 六牙香象 似銀山而來儀.
일 도 백 호 여 가 월 이 산 채 육 아 향 상 사 은 산 이 래 의

深心戀法 躬繞佛而七匝
심 심 연 법 궁 요 불 이 칠 잡

勸發勉進 願護法而持呪.
권 발 면 진 원 호 법 이 지 주

---

1. 보현보살은 문수보살과 함께 석가모니 부처님의 좌우에 계시는 분이다. 좌측에
   있는 문수보살은 지혜를 상징하고 우측에 있는 보현보살은 보살행을 상징한다.

28. 보현보살을 찬탄하다

중생의 생사를 해결하는 선지식 인연은 부처님의 지혜를 그
바탕으로 삼고, 헤아릴 수 없는 이치가 드러나는 삼매에 들
어 늘 보살행을 실천하며 살아가는 삶이 어떤 것인지를 보
여준다.

하얀 초승달처럼 생긴 눈썹 사이 흰 터럭에서 한 줄기 아름다
운 광채를 뿜어내며, 여섯 개의 커다란 상아를 가진 덩치 큰
흰 코끼리를 탄 늠름한 보현보살이 동방에서 건너와 세존의
영산법회에 참석한 것이 바로 그것이다.

부처님의 법을 생각하는 마음이 깊이 사무쳤으므로 존경의
표시로 몸소 부처님의 둘레를 일곱 번 돌고난 뒤 부처님 앞
에서 중생들에게 『연꽃법화경』을 열심히 배우도록 권하면
서 중생들에게 『연꽃법화경』의 주문을 가르쳐 주어, 그들
이 『연꽃법화경』을 지니고 살면 그들을 보호해 주겠다는 원
력을 세웠다.

猗歟 普賢常行
의 여 보 현 상 행

美矣 竭世依歸.
미 의 갈 세 의 귀

還會 普賢流通妙法 使不斷絶底消息麼.
환 회 보 현 유 통 묘 법 사 부 단 절 저 소 식 마

溪聲便是廣長舌[1] 山色豈非淸淨身.[2]
계 성 변 시 광 장 설 산 색 기 비 청 정 신

頌曰
송 왈

普賢乘願遍流通 大地山河妙體融
보 현 승 원 변 유 통 대 지 산 하 묘 체 융

欲識大人眞淨界 山高海濶古今同.
욕 식 대 인 진 정 계 산 고 해 활 고 금 동

---

1. '광장설'은 부처님의 서른두 가지 상호 가운데 하나이다. 넓고 길고 얇고 보드라
   운 부처님의 혀를 말한다. 걸림 없이 오직 진실한 말만 하는 것을 상징한다.
2. 이 게송은 중국 송나라 때 문장가 소동파의 오도송이다.
   흘러가는 냇물 소리 부처님의 설법이요
   푸른 산색 눈 가득히 청정법신 아니던가.
   밤새도록 쉴 새 없던 팔만사천 이 게송을
   이 다음날 누구에게 일러줄 수 있으리오.
   [溪聲便是廣長舌 山色豈非淸淨身 夜來八萬四千偈 他日如何擧似人]

아! 아름다워라.

늘 보살행을 실천하며 이 세상이 다하도록 중생들이『연꽃
법화경』에 귀의토록 하는 보현보살의 삶이여!

그렇다면 보현보살이 미묘한 법을 유통하고 끊어지지 않게
하는 소식을 알겠느냐?

　　홀러가는 냇물 소리 부처님의 설법이요
　　푸른 산색 눈 가득히 청정법신 아니던가.

게송으로 말하노라.

　　보현보살 원을 세워 연꽃 법화 유통함에
　　산하대지 이 모두가 그 바탕이 하나인데
　　부처님의 맑고 참된 그 세상을 알고 싶나
　　산은 높고 바다 넓음 예나 지금 똑같다네.

연꽃법화경 찬탄을 마무리하며

法說頌曰
법설송왈

一光東照八千土 大地山河如杲日
일광동조팔천토 대지산하여고일

卽是如來微妙說 不須向外謾尋覓.
즉시여래미묘설 불수향외만심멱

諭說頌曰
유설송왈

中下多聞多不信 縱橫方便擁魚蝦
중하다문다불신 종횡방편옹어하

君看長者心無黨 等賜莊嚴一大車.
군간장자심무당 등사장엄일대거

196

찬탄을 마무리하며

법으로 설한 내용을 게송으로 말하노라.

한 줄기 빛 동쪽에서 팔천 국토 환히 비춰
산하대지 이 모두가 태양 아래 드러나듯
이것이 곧 부처님의 미묘하신 설법이니
모름지기 밖을 향해 부질없이 찾지 마소.

비유로 법을 설한 내용을 게송으로 말하노라.

법 듣고도 믿지 않는 근기 낮은 사람들을
빠짐없이 싸안으려 온갖 방편 사용하니
차별 않는 부처님의 큰마음을 그대 보소
중생 모두 빠짐없이 극락정토 데려가네.

智圓頌曰
지원송왈

諸佛智慧難測量 一權一實相兼帶
제불지혜난측량 일권일실상겸대

吉祥鶩子助宣揚 廓照沙界無內外.
길상추자조선양 확조사계무내외

行圓頌曰
행원송왈

身語意悲俱攝盡 靈山大事廣流宣
신어의비구섭진 영산대사광류선

諸佛本懷這个是 依他樣子卽能圓.
제불본회저개시 의타양자즉능원

俱圓頌曰
구원송왈

如是而終如是始 因緣本末盡如如
여시이종여시시 인연본말진여여

三千法界圓融盡 瞋喜偏圓共一車.
삼천법계원융진 진희편원공일거

오롯한 지혜를 게송으로 말하노라.

부처님의 모든 지혜 헤아리기 어려운 것
방편 속에 실상 있고 실상 속에 방편 있어
문수보살 사리불이 함께 법을 선양하니
그 지혜로 환히 밝힌 항사 세계 안팎 없네.

오롯한 보살행을 게송으로 말하노라.

몸과 말과 뜻이 모두 자비로써 중생 거둬
영산회상 부처님 법 세상에서 널리 펴니
세상 모든 부처님의 품은 뜻이 이것이라
그 모습에 의지하니 원하는 일 다 이루네.

오롯한 지혜와 보살행을 게송으로 말하노라.

묘법에서 시작하여 묘법으로 끝났으니
그 인연의 근본부터 곁가지가 모두 여여
삼천 법계 빠짐없이 모두가 다 하나이니
성냄 기쁨 모남 원만 함께 모두 극락정토.

流通頌曰
유통송왈

如是流通無盡意
여시유통무진의

籠羅沙界若爲論
농라사계약위론

如如此法無今古 何復靈山問世尊.
여여차법무금고 하부영산문세존

夫欲了大事因緣 必須智行兩圓.
부욕료대사인연 필수지행양원

看他靈山黃面老子 欲暢本懷 與人天大衆 說此一部蓮
간타영산황면노자 욕창본회 여인천대중 설차일부연

經 先以法開 後以喩說.
경 선이법개 후이유설

廓然如日輪當午 鑿無側影.
확연여일륜당오 경무측영

薰然若酥出醍醐 更無異味.
훈연약소출제호 갱무이미

人天聲聞 俱授記別 見聞隨喜 俱蒙利益.
인천성문 구수기별 견문수희 구몽이익

200

『연꽃법화경』의 유통을 게송으로 말하노라.

이와 같이 전해지는 끝이 없는 보살의 뜻
항사 세계 싸안으니 무엇을 더 논하리오
변함없이 여여한 법 예와 지금 똑같은데
어찌 다시 영산에서 부처님께 법 물을까.

중생의 생사를 해결하는 선지식 인연을 알고자 하면, 모름
지기 지혜와 보살행이 둘 다 오롯해야 한다.

저 영산회상의 부처님을 보니, 본디 품은 뜻을 드러내려 인
간과 천상의 대중들에게 이『연꽃법화경』을 설할 때, 먼저
법을 열어 보인 뒤 비유로써 이 법을 보충 설명하였다.

그러자 분명하고 분명한 법이 하늘 복판에 떠 있는 해와 같아
어두운 곳이 없고, 솔솔 향기로운 맛이 순수한 제호의 맛과
같아서 군더더기 맛이 조금도 없었다.

인간과 천상의 대중 그리고 성문들 모두에게 수기를 주어,
보는 이나 듣는 이나 따라서 기뻐하는 이들 모두 빠짐없이
법의 은혜를 입게 되었다.

眞箇諸佛秘要之藏
진 개 제 불 비 요 지 장

降靈之本致.
강 령 지 본 치

持是經者 必以本智爲體 妙行爲用.
지 시 경 자 필 이 본 지 위 체 묘 행 위 용

智行兩全 乃得流通 堪報佛恩.
지 행 양 전 내 득 유 통 감 보 불 은

其或 逐於名相 泥於句數
기 혹 축 어 명 상 니 어 구 수

依舊迷封滯殼 何曾白雲千里.
의 구 미 봉 체 각 하 시 백 운 천 리

所以 講此經者 如麻似粟
소 이 강 차 경 자 여 마 사 속

解此經者 不滿十一
해 차 경 자 불 만 십 일

鼠唧鳥鳴 不可彈論.
서 즐 조 명 불 가 탄 론

이것이 참으로 모든 부처님의 요긴한 비책을 갖추고 있는 곳간이며, 도솔천에서 영산회상으로 내려오신 부처님의 본래 뜻이다.

이 『연꽃법화경』을 받아 지닌 사람은 반드시 본디 지혜로 바탕을 삼고 미묘한 보살행으로 그 쓰임새를 삼아야 한다.

지혜와 보살행이 둘 다 온전해야 이 법을 유통시켜 부처님의 은혜를 갚을 수 있기 때문이다.

혹 개념이나 형상만을 따르면서 글자에 놀아난다면 여전히 어리석은 사람일 뿐이니, 어찌 푸른 하늘 저 멀리에 널려 있는 흰 구름만 탓할 것이냐.

그러므로 『연꽃법화경』을 강설하는 사람이 많고 많더라도 이 경을 제대로 알고 풀이하는 사람들은 열에 하나도 안 되니, 쥐가 찍찍거리고 새가 짹짹대는 소리들을 힐난하며 논할 것도 아니다.

雖然如是 古人道
수연여시 고인도

聞而不信 尚結佛種之因 學而不成 猶蓋人天之報
문이불신 상결불종지인 학이불성 유개인천지보

則不可以一槩論.
즉불가이일개론

況此經 以悲智立體
황차경 이비지입체

瞋喜偏圓 同入寶所
진희편원 동입보소

訕謗罵辱 俱結勝緣
산방매욕 구결승연

暫持一偈 隨喜亦圓.
잠지일게 수희역원

204

그렇더라도 옛 사람이 말하기를, "법문을 듣고 믿지 않아도 부처님의 씨앗을 뿌리는 인연을 맺고, 법을 배우되 성취를 못 해도 인간 세상이나 하늘의 좋은 복을 받는 것보다 더 낫다."라고 하였으니, 꼭 일률적으로 한쪽만 옳다고 말할 것도 아니다.

하물며 『연꽃법화경』은 지혜와 자비로 그 바탕을 삼고 있기에 성냄, 기쁨, 편벽, 원만, 그 모든 중생을 모두 함께 극락정토 보물이 있는 장소로 들어가게 하고 있지를 않은가.

이 『연꽃법화경』을 비방하며 헐뜯고 나무라며 욕을 하는 사람들도 그 인연으로 다함께 인연을 맺게 하고 있지 않은가.

잠시라도 이 경의 게송 하나만 지니고 이 법을 따라 기뻐하는 사람도 빠짐없이 모두 성불하게 하고 있지 않은가.

幸披蓮部 不勝鰲抃 而說偈言.
행피연부 불승오변 이설게언

開佛知見
개불지견

暢佛本懷
창불본회

言言獨妙 法法純圓.
언언독묘 법법순원

滅斷常見
멸단상견

掃幻妄境
소환망경

如彼大雲 雨於一切.
여피대운 우어일체

一味淸凉 四衆咸悅
일미청량 사중함열

凡所歸依 皆蒙利益.
범소귀의 개몽이익

다행히『연꽃법화경』을 펼쳐본 나는 감동의 손뼉을 치지 않
을 수 없어 게송으로 말하노라.

부처님의 참 지견을 열어 보여서
부처님이 품은 뜻을 이야기하니
말마디에 우뚝 솟은 미묘함이여
법 한마디 하나하나 오롯한 진리.

단견 상견 이 모두를 없애버리고
허깨비와 같은 경계 쓸어버리니
푸른 하늘 널려 있던 큰 구름들이
온갖 초목 빠짐없이 비를 주는 듯.

모두 한맛 맑고 맑아 시원한 감동
사부대중 모두 함께 기뻐들 하니
이 한맛에 귀의하는 모든 중생들
빠짐없이 법의 이익 받게 된다네.

將此深心 用報佛恩
장차심심 용보불은

龍天擁護 外道摧膽.
용천옹호 외도최담

上助佛化
상조불화

下利幽冥
하리유명

凡厥有情 俱生壽域.
범궐유정 구생수역

이 은혜를 깊이 아는 그 마음으로
부처님의 크신 은혜 보답하므로
하늘과 용 팔부신장 옹호를 하니
외도들의 간과 담이 서늘하여라.

부처님의 중생교화 도와가면서
어둠 속의 중생에게 이익을 주니
그 중생들 남김없이 깨달음 얻어
모두 함께 극락정토 태어나리라.

사

아

♥ 원순 스님이 풀어쓴 책들

규봉스님 금강경 '세친 보살의 27가지 의심'을 끊는 방식으로 금강경을

논리적으로 풀어가고 있는, 기존의 시각과 다른 새로운 금강경 해설서

부대사 금강경 부대사가 경에 담긴 뜻을 게송으로 풀어낸 책

야부스님 금강경 경의 골수를 간결하게 선시로 풀어, 문학적 가치가 높은 책

육조스님 금강경 금강경의 이치를 대중적으로 쉽게 풀어쓴 금강경 기본 해설서

종경스님 금강경 게송으로 금강경의 골수를 드러내고, 후학들이 사고의 지평을

넓힐 수 있는 질문을 던지는 종경스님의 명쾌한 해설서

함허스님 금강경 다섯 분의 금강경 풀이를 연결하여 꿰뚫어 보게 하면서

금강경의 전개를 파악하고 근본 가르침을 또렷이 알 수 있게 설명한 책

돈황법보단경 강설 육조스님 가르침을 간결하고 명료하게 담고 있는 책. 저자의

강설이 실려 있어 깊은 뜻을 쉽게 이해할 수 있는 책

연꽃법화경 모든 중생이 부처님이라는 뜻과 고전문학의 가치를 지닌 경전

육조단경 덕이본 육조스님 일대기와 가르침을 극적으로 풀어낸 선종 으뜸 경전

지장경 지장보살의 전생 이야기와 그분의 원력이 담긴 경전

한글 원각경 함허득통 스님이 주해한 원각경을 알기 쉽게 풀어쓴 글

돈오입도요문론　단숨에 깨달아 도에 들어가는 가르침을 잘 정리한 책

마음을 바로 봅시다 上下『종경록』고갱이를 추린『명추회요』국내 최초 번역서

몽산법어　간화선의 교과서로 불리는 간화선 지침서

선가귀감　서산대사가 경전과 어록에서 선의 요점만 추려 엮은 '선 수행의 길잡이'

선禪 수행의 길잡이　선과 교를 하나로 쉽게 이해하는『선가귀감』을 강설한 책

禪 스승의 편지　선방 수좌들의 필독서, 대혜 스님의『서장書狀』바로 그 책

선요　선의 참뜻을 일반 불자들도 알 수 있도록 풀이한 재미있는 글

선원제전집도서　선과 교의 전체 내용을 체계적으로 정리한 참 좋은 책

신심명·증도가　마음을 일깨워 주는 영원한 선 문학의 정수

진심직설　행복한 마음을 명료하게 설명해 주는 참마음 수행 지침서

초발심자경문　이 세상 모든 사람을 위한 마음 닦는 글

치문 1·2·3권　생활 속에서 가까이 해야 할 선사들의 주옥같은 가르침

큰 믿음을 일으키는 글　불교 논서의 백미로 꼽히는『대승기신론 소·별기』번역서

선문정로　퇴옹성철 큰스님께서 전하는 '선의 종착지는 어디인가?'

무문관　선의 종지로 들어갈 문이 따로 없으니 오직 화두 참구할 뿐.

절요　'선禪의 종착지로 가는 길'을 알려주는 보조지눌 스님의 저서

독송용 경전 _ **우리말 금강반야바라밀경**

우리말 관세음보살보문품

약사유리광 칠불본원공덕경